アラフォー
ウーバーイーツ配達員ヘロヘロ日記

Uber Ea
渡辺

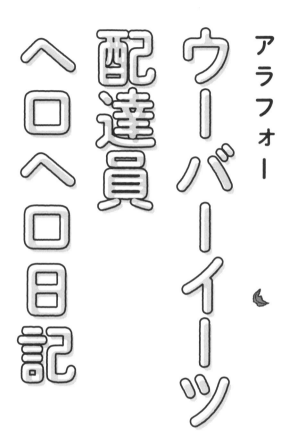

はじめに

浸透：2021年3月現在は33都道府県で利用されている。

ウーバーイーツの仕事は簡単です。スマートフォンと配達するための自転車やバイク、あとはリュックさえAmazonなどで購入すれば、誰でもすぐに始められます。

料理を店まで取りに行き、注文者の元まで配達すれば仕事は終了。ただそれだけ。ひとつ配達すれば最低400円ほどが収入となります。

スマホのアプリを立ち上げて「出発」のボタンを押せばいつでも働くことができて、「終了」のボタンを押せば仕事を終えることができるという働き方は画期的で、コロナ禍の中、急速に世間に**浸透**し、全国に広がりを見せています。

ここで私の自己紹介をさせてもらいます。現在46歳。ライターとウーバーイーツの配達員、二足の草鞋を履く日々です。

高校のときに始めたラジオ番組へのハガキの投稿がきっかけで、ラジオ番組のスタッフや放送作家に名前を覚えられるようになり、その流れで雑誌のライターとなってはや四半世紀。

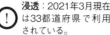

ライターを取り巻く仕事は大きく変わってきました。

手書きかワープロだった原稿はパソコンで打ち込み、写真はスマホで撮影。FAXやポジと言われるフィルムなど、ほとんど使うことがなくなりました。

私が書いた文章が掲載されるのは紙の本や雑誌がメインでしたが、ネット媒体に載ることが増えました。

雑誌の休刊が続く中ネット媒体は増え続け、文章を書く仕事の需要は増えています。しかし、誰でも手軽に参入できるものとなってしまったため、ネット記事の原稿料は「1文字数円」の世界。激しい競争社会となり、ライター業だけで生活をしていくのは正直厳しいです。

と同時に、歳を重ねるごとに体にもガタが出始めました。42歳当時、体重が100キロほどあった私は人間ドックを受診したところ「メタボ」「糖尿病」「高血圧」「脂肪肝」などなど、さまざまな症状を医者から指摘されたのです。医者からは継続的な運動をすすめられました。

ライター業は不規則で不健康な仕事。単価が下がっているライター仕事は、数をこなさなければならず、貧乏ヒマなし、ジムに通う時間もありません。
それにこれは完全に自業自得ですが、若い頃から貯金をせず、もらったお金は翌月までに使い切るというだらしない生活をしてきたため、蓄えもほとんどないのが実情。

前置きがずいぶんと長くなってしまいましたが、そんなタイミングで私が出会ったのが、ウーバーイーツの配達員という仕事。まだ知名度は低かったですが、好きなタイミングで始められて、いつでも終わらせることができるというシステムは、仕事時間が不規則な私にとってはとても魅力的に見えました。
また、スポーツジムでエアロバイクをこぐのは金がかかりますが、自転車をこいで配達すれば金が稼げるのだから、やらない手はありません。

あれから3年4カ月。ライターの仕事の合間にウーバーイーツの配達員として自転車をこぎつづけています。体重は10キロほど減り、血液検査の数値も改善され、医者からは「もっと配達の仕事を増やしたら?」と激励されました。

本業に追われて配達ができないときは、血液検査の結果が明らかに悪くなり、「書く仕事を控えてウーバーやりなさい」とまで口出しされる日々。内容にもよりますが、記事を書くよりもウーバーの方が収入の効率がいい場合すらあります。

そんなときは正直「このまま配達員になろうか？」と迷うことがあります。しかし、四十肩で左腕を上げると激痛が走ったり、老眼でスマホの画面を見るのに難渋する中年が配達だけで生活するのは危険、と自分を戒めています。

この本は、ライターと配達員のハイブリッド生活を送る中年配達員が体験したり、ほかの配達員との雑談で聞いた出来事をまとめた配達員目線の記録です。最近は「配達員の自転車の運転がひどい！」なんて叩かれることが多いこの仕事ですが、実はそれ以上に飲食店や届け先でお叱りを受けることの方が多いのはあまり知られていません。

そんな配達員の日常や、この3年間で大きく変化した配達員事情、そして新型コロナウイルス感染拡大によって激変したお店事情や注文者の変化など、皆さんの目に見えないサイドのウーバーイーツ事情について、つらつらと綴ってみました。

第1章は「配達員の日常」として、ウーバーイーツという仕事の仕組みや配達員のなり方、賃金体系など基本的なことを書き連ねました。すでに配達員になっている方には退屈な内容かもしれませんが、ここをしっかりと読んでもらえれば、つづく第2章以降の妬《ねた》み嫉《そね》みの理由がよく理解できると思います。

ビジネス書と違い、読んでも役に立つ情報は少ないでしょう。

ただ、ウーバーイーツの配達員の仕事は、注文者全員が「空腹」というストレスを抱えているという特殊な現場。

そんな場所で働く中年男性の日記を読めば、「こんな人生にならないために努力しなければ！」と、やる気が出る……かもしれません。

目次

何で!?

絶望…

恐怖!

チャンス!

報酬倍増

冷や汗

いいね！

悲報…

あらら…

コラ！

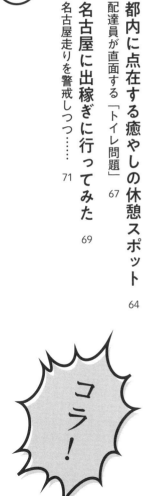

伝授！

大事！

第2章 ウーバーイーツ配達員の多難な日々

ほう！

屈辱

ワワァ…

滝汗

理不尽

神隠し！

恨み節

こわっ！

反論！

えっ!

ゲーッ!

秘策

第3章 配達員、注文者、飲食店関係者の表の顔、裏の顔

悲しい……

何が？

お先真っ暗!?

あちゃー

頑張ろう！

ドキッ

読者の皆様へ

本書は、著者が実際に体験したことをベースにウーバーイーツ配達員、注文者、飲食店などの姿をユーモラスに書き綴った作品ですが、個人情報保護のため、一部内容に脚色を加えてあります。
また、ウーバーイーツ配達員は現代社会において は欠かすことができない職業であり、著者も誇りと敬意を持って綴っております。

第1章

ウーバーイーツ配達員の日常

某月某日

東京で遭難した思い出 何で!?

3年前、ダイエットのためと、本業のライター業の未来に不安を感じて始めたウーバーイーツ配達員。

配達員として登録する際にはアプリで「自転車」か「バイク」のどちらかを選択する必要がある。私は「自転車」を選択した。

私が愛用しているのは、電動アシストのシェアサイクル。都内11区（千代田区、中央区、港区、新宿区、文京区、江東区、品川区、目黒区、大田区、渋谷区、中野区）すべてのポートで「貸し出し」と「返却」が可能だ。都内に在住、もしくは在勤なら一度くらいは目にしたことがあるはずだ。

「今日はウーバーで稼ごう」と決めたら、〝バッテリー残量の多い〟自転車を探すことから１日が始まる。朝９時に目を覚ましたら一路、貸し出しポートへ。しかし、通勤にシェアサイクルを利用するサラリーマンが増えたため、最寄り駅の近くには自転車が見当たらない。

７時に起きれば楽々ゲットできるのだが、遅寝遅起きのライター稼業にどっぷりと浸かっている人間にとって、早起きは一番の苦痛だ……。

仕方がないので、アパートから20分ほど歩いたところにある大きなオフィスビルの脇のポートで自転車を借りる毎日。これでダイエット効果があればいいものの、体重は一向に減る素振りを見せない。テレビ番組などでは、ウォーキングの効果が出るのは20分歩いてからと言っていたような気がするが。

駅から離れたこのビルの近くは、乗り捨てられた自転車であふれている。数十台ある自転車の中から、バッテリー残量が一番多い自転車を選んだら、ウーバーイーツの配達員用アプリを立ち上げ、ようやく仕事が始まる。

通勤ラッシュが終わり、人もまばらな道をスイ〜ッと流すのは気持ちがいい。原稿の締め切りを抜けたあとならなおのこと。

そうこうしているうちにランチタイムに。配達の依頼が入りだし、ようやく仕事モードに頭を切り替える。当たり前の話だが、どこへ配達に行くのかは日によってまちまちだ。

スタート地点は毎回同じでも、あるときは銀座・新橋方面、またあるときは上野・秋葉原方面、錦糸町・亀戸方面などなど、どこに飛ばされるかわからないのが配達員の宿命。でもまぁ、見る風景が変わるのはいいことかもしれない。

しかし、新宿・渋谷方面に流されるとなるとドキリとしてしまう。なぜならシェアサイクルの配達員たちは、ある恐怖と戦わねばならないからである。

このエリアは坂が多く、電動アシストのバッテリーが驚くほど早く減るから大変なのだ。経験のある人はわかるだろうが、坂道をスイスイと登ることができる電動アシスト自転車も、ひとたびバッテリーが切れれば、ただの重しに過ぎない。ペダルが異常に重くなり、まさに地獄のようなつらさとなる。

目指すはバッテリーのわらしべ長者

都内各所にポートは点在しているため、バッテリーが減ってきたら乗り換えればいいだけだ。だが、世の中なかなかうまくいかない。なぜなら、飲食店近くのポートには配達員がわらわらと集まってくるため、バッテリー残量の多い自転車の競争率は異常な高さだからだ。

配達員が考えることは皆同じ。どこのポートも電池の残っていない自転車ばかりで途方に暮れてしまう。

まさに電動自転車の墓場。

ポート付近に配達員がいたら、顔を観察してみてほしい。きっと、キョロキョロと電力ゲージを見比べているはずだ。

運良くバッテリー残量80％の自転車を発見し、残量20％の自転車から乗り換えまたがったら、後輪がパンクしていたことがある。

まぁ、元の自転車に乗ればいいだけなのだが、目の前でほかの配達

員が自分の返却した自転車をパパッと借りて走り去り、その配達員が乗っていた自転車のバッテリーを見たら、残り2％だったときの絶望は言葉にしようがない。

最近は自転車の奪い合いが激しいエリアに流されそうになるとアプリのスイッチを一度切って、奪い合いの少ない中央区や千代田区あたりまで戻り、再びスイッチを入れるという防衛策をとっている。

ただ、この中央区や千代田区にも大きなワナがないわけではない。それが、配達で上野や浅草に流されるときである。

都内でよく見かける赤いレンタサイクルのうちエリア内で自由に貸し出し、返却ができるのは前出の11区と、国技館、スカイツリーなどの一部スポットだけ。上野や浅草を抱える台東区には貸し出し・返却ができる**ポート**が存在しない。そのため、台東区と隣接する文京区の湯島や千代田区の秋葉原まで戻る必要があるのだ。

ところが、注文の多いランチタイムには次から次へと配達の依頼が来るのがウーバー

❗ **ポート**：最近、上野松坂屋の近くに台東区唯一のポートができた。

イーツ。上野で配達が終わった直後に日暮里への配達依頼、続いて南千住、さらに北千住と流されることが結構あるのだ。

北千住のある足立区は、赤い自転車のエリア外。返却&貸し出しができるポートまでは6～7キロ。ランチタイムの配達が一段落した14時過ぎ。ふと気づけば北千住、バッテリー残量は5％……なんてこともあった。


注文がまばらな時間帯、バッテリーが十分ならば、スカイツリーを眺めつつ下町の路地にフラリと入り込み、目についた雰囲気の良さそうな店で遅めの昼食、と最高の時間を楽しめるのだが、電池がないとなると、下町の風景など目もくれずバッテリー残量計とにらめっこ。

そして途中から信じられないほどペダルが重くなったことで電池切れを悟り、返却場所までの最後の1～2キロはトボトボ歩く。そんな地獄が待っている。

某月某日

スマホが生んだ新たな監視社会

恐怖！

新型コロナの流行や社会が変わることでウーバーイーツの利用者は大幅に増加した。注文者にとっては、スマホのアプリを使った手軽さが魅力なのだろうが、実は配達員になる方法も簡単だ。

スマホに配達員用のアプリをダウンロードして、住所や振込先の情報をちゃちゃっと登録。あとは各地にあるパートナーセンター（首都圏エリアの場合は大門、新宿、横浜にある）へ行くだけだ。

私がパートナーセンターで登録した２０１７年12月は、顔写真を撮影して、10分ほどの

動画を見て、配達員用のリュックが支給されたら手続きは終了。建物から出たら、すぐにでも働けた。

原付などの車両で配達する場合は、車両登録が必要なのでいろいろ面倒なようだが、自転車配達員の場合は10分もかからず登録が終わるので、パートナーセンターの近くに住んでいれば、極端な話、「配達員になろう！」と決意してから30分ほどで働き始めることができた。

登録制の仕事なので、面接で落とされるということはなく、誰でもすぐに働ける。このお手軽感は素晴らしい。

ただし、注意点がひとつある。配達員用のリュックが**デポジット方式**なのだ。つまり、リュック代は働いた分から天引きされるシステムで、私のときは８０００円かかった。働き始めてからしばらくの間、手元に入るお金は実際に稼いだ金額の半分となる。

> **デポジット方式**：現在はAmazonで購入してから始める形式になっているため、配達代から引かれることはない。

配達員を〝監視〟しつづける厳しい目

注文者数、配達員数が増えるにつれ、トラブルやクレームもたびたび発生している。実はこれ、注文者の勘違いや知識が十分でないために起きていることが多い。

まず、ウーバーイーツのシステムを、「出前と同じ」思い込んでいることによるクレーム。「遅い」、「寄り道をするな」といったお叱りを、多いときは1日に2~3回受ける。

一般的な出前、デリバリーの場合、注文が完了すると店で料理を作り始め、調理が終わると店に待機していたスタッフが配達に行くのがほとんどだ。そのため、「料理を作る時間」と「店から注文者の所までの移動時間」の合計が、料理到着までの時間となる。

一方、ウーバーイーツの場合は、注文が完了した時点で店の近くにいる配達員をアプリが探し始める。そして近くにいる配達員には「配達依頼がある」とアプリを通じて連絡が入り、配達員はそれを見て依頼を受けるか拒否するかを選択し、依頼を受けた場合は「マッチング成立」となる。ここから配達員は料理をピックアップすべく店へ向かい、料理を受け取り、注文者の元へと向かう。

マッチング：配達員は店のスタッフではない。頼んだものが入っていないなど、飲食店のミスの対応もできない。

つまり、一般的なデリバリーにかかる時間に、「配達員マッチングまでの時間」、「配達員が料理をピックアップするまでにかかる時間」がプラスされるため、注文者が思う以上に時間がかかるのだ（最近では店の前で配達員が待機することも多い）。

そう、ウーバーイーツという会社は、そのアプリを通じて、「外出せずに家で食事をしたい人」と、「配達の人件費を抑えたい店舗」、さらには「空き時間を有効に使って稼ぎたい人」とを**マッチング**しているだけ。だから、それぞれに主従関係はない。

こういった事情を知らない人が多いために、非常にたくさんのトラブルが発生している。

もうひとつ注文者からよくお叱りを受けるのが、GPSによる位置情報システムがあるゆえのトラブル。

注文者は、パソコンやスマホでわれわれ配達員が今どのあたりにいるのかを逐一確認することができる。そして画面に「今、店についた」「あと●分で到着する」と表示されるのだ。

！ **注文者とも連絡が取れない**：現在は連絡が取れるようになった。

しかしウーバーイーツでは、ひとつの店から2軒分の料理を受け取り、異なる行き先へ配達することも少なくない。残念なことにその事実はあまり知られていないようだ。

一応、注文者のGPS追跡画面には注意書きがあるようなのだが、よく読みもせずに「同意する」ボタンを押すのが当たり前の世の中。こちらとしても、アプリの仕様上、1軒目の配達が終わらないと2軒目の配達先がわからず、また、**注文者とも連絡が取れない**のだが、注文者はそんな事情を知るすべもない。

そのため、2軒目の配達先となった注文者にとって、位置情報で見るわれわれの行動は意味不明だろう。「なぜ、店からまっすぐ自分の所へ配達に来ないんだ！」と怒る注文者がたまにいて、「寄り道するな！」と雷が落ちる。

配達員の中には、システムを知らない人から叱られつづけてうつになる人がいるかもしれない。ぜひとも正しい情報を身に着けた上で、ウーバーイーツを利用してもらいたい。

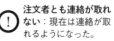

某月某日

配達員を煽るギャンブル要素

報酬倍増

配達員の報酬には、次の2種類がある。

①「基本料金」＋「距離料金」＋「ピーク時間帯ボーナス」の通常報酬
②「規定の配達回数をクリアするともらえる」クエストボーナス

通常報酬というのは、私が勝手につけた名前だが、いわゆる普通に運んだときにもらえるお金のことだ。

地域によって**基本料金**や距離料金は異なるが、東京エリアの場合、基本料金が３４０円ほどで、距離料金は1キロあたり60円。店から1キロ先の配達先まで料理を運ぶと４００円がもらえる計算になる。

ピーク時間帯ボーナスには2種類ある。ひとつはあるエリアで注文が突然殺到したとき

基本料金：細かい金額はホームページをよーくみたらわかるらしいが、いくら調べても私にはわからないほど難解だ。

に、アプリの画面に現れるボーナスで、昼食時や日曜日に渋谷などの繁華街によく出てくる。このボーナスが表示されたタイミングで配達依頼を受けると100〜350円ほど報酬がプラスされる。つまり1キロ運んだら最大で750円がもらえる。

もうひとつのピーク時間帯ボーナスは、1週間ほど前から予告されるブーストボーナス。これは、ランチタイムの丸の内エリアなど、混雑が予想されそうな場所で発生するボーナスで「×1・2倍」というようなボーナス。

もし「×1・2倍」のボーナスが発生しているエリアで1キロ運んだら400円の1・2倍、480円がもらえる。さらに「×1・2倍」のボーナスタイム中に、突然350円のボーナスが現れた場合、1キロ運ぶと750円の1・2倍、900円がもらえる**計算**となる。

クエストボーナスは、一定基準の配達回数をこなすとボーナスがもらえるシステム。

毎週月曜日から木曜日の4日間で規定回数をクリアするともらえる平日クエストと、金曜日から日曜日の3日間でもらえる週末クエスト、そして雨の日などの注文が特に増えそうな日にアプリの画面に突然現れる、4時間半で12回運ぶとボーナスがもらえる緊急クエ

計算：昔は2.5倍などの高い数字が出ていたが、最近は1.1〜1.2倍がちょこちょこ出る程度。

クエスト：平日クエスト、週末クエストは4つの条件の中から好きなものを事前に自分で選択する。

ストがある（平日クエストなどのネーミングも私が勝手に付けたものだ）。

平日クエストと週末クエストで指定される回数や金額は、配達実績によって変動する。私の場合、2019年末年始はお金がなくバリバリ配達していたので週末クエストは100回運べば1万9500円のボーナスとなっていたが、現在は30回運べば3300円のボーナスなど、回数を自由に選べる方式に変更された。

ごちゃごちゃとシステムを並べたてたが、ざっくりいうと、朝8時から22時～23時ぐらいまで働くと、東京都内の自転車配達員の場合1日平均1万5000～2万円稼げる（ただし、クエストボーナスを達成した場合だが）。

時給で換算すれば1300円程度になるが、もしもクエストを達成できない場合の時給は1000円を割る可能性もある。

その上、雨の日に配達を行うと事故のリスクが高くなるので、稼ぐ手段としては思ったほどおいしくないものだが、都内ではこの1～2年で配達員の姿をよく見るようになった。

なぜ、朝から晩まで自転車をこぎっぱなしでせいぜい2万円の報酬という肉体労働をする人が増えているのか……その答えは、支払いの早さもあるだろう。

事故の**保障の問題**や、一方的な配達料金の切り下げなどで一時期ニュースにも取り上げられたウーバーイーツだが、支払いの早さは日本でのサービス開始時からしっかりしている。

配達員への支払いは**週払い**で、毎週月曜日から日曜日まで働いた分の報酬が翌週の水曜日には支払われる（年末年始やゴールデンウイークを除く）。遅くても木曜日には銀行口座に報酬が振り込まれているのは嬉しい。

なので、お金に困って大ピンチのときでも、自転車で配達しまくれば日曜日までに働いた分が水曜日に入ってくるのだ。しかも、バイトのようなシフト制でなく「働こう」と思ってアプリを立ち上げたらすぐに働ける。

この手軽さと支払いの早さは配達員にとって大きな魅力なのだ。

保障の問題：事故に関しては保険が適用されるが、先方との交渉は自力で行わなければならない。

週払い：私の場合、最近は月〜日曜日まで働いた分が翌週の火曜日に振り込まれている。

スマホ充電残量との勝負

配達員にとってのバッテリー問題は、電動アシスト自転車だけではない。スマホのバッテリーも大きな問題だ。

一度でも注文すればわかるのだが、ウーバーイーツの配達員がどこにいるかは、スマホのGPS機能によって、運営、飲食店、注文者に伝えられる。GPS機能は電池の消耗が大きい機能なので、フル充電の状態で配達を始めても数時間で電池がなくなるのだ。

自然と、配達員は予備の充電池を持ち歩くのが常識となっているが、充電池とスマホをつなぐケーブルを忘れたりしてバッテリー切れの恐怖を味わうこともたまにある。

特に冬の夜は電池の消耗が激しく、60％あった電池の残量があっという間に10％を切ることも。

1月のある日曜日の夜。あと2回配達を終えれば９０００円のボーナス、配達できなければボーナスなしという中、スマホを見ると電池が残り10％の表示。家を出たときはフル充電、あと5回でボーナス達成という状況だった。
「5回配達してボーナスを達成したら終了すればいいから、充電池は持っていかなくて大丈夫」と考えたのが間違いの始まりだった。

2年間使いつづけているスマホのバッテリーの劣化具合と、冬の寒さ、そしてGPSを使用している状況が重なる冬の夜の配達は、想像以上にバッテリーを消耗する。なんと2時間で90%を消費してしまった。時刻は深夜0時。ウーバーイーツのサービス提供時間は深夜1時まで。家に充電池を取りに戻ってから2回配達するのは、時間的に不可能……。

そこで考えたのが、移動中は電源を切る作戦。配達依頼を受け、受け取り先の店を確認したら電源オフ。頭の中に店の場所を完全に記憶してから店へ。

商品を受け取って、配達先の場所や注意事項を確認したら再び電源をオフ。配達先についたら電源を入れて部屋の前に行くというやり方だ。

これで、電池がギリギリの中、なんとか2回の配達を達成。みごと9000円のボーナスを獲得したときはなんともいえない達成感を覚えた。

しかし、店の人や注文者は、電源を切ることで配達員の現在位置が確認できず、不安に思ったかもしれない。

配達員は有名人に会えるチャンス！？

某月某日

配達手数料や利用手数料がかかるため、手軽ではあるものの料金がかさみがちなウーバーイーツ。やはり富裕層の利用が多く、タワーマンションや、高級住宅地の一軒家にもよく配達する。

長いこと配達員をやっていると、テレビで目にする有名人や芸能人の自宅や仕事先に運ぶこともある。

２０１９年のゴールデンウイークの最終日。この日は上野周辺で配達していたのだが、配達をこなしていくうちに六本木へと流されていた。時刻は20時。朝8時からこいでいたので、そろそろ終わりにしようかと思った矢先にスマホに依頼があった。

赤坂のエスニックな店に料理を受け取りに行き、配達先を見ると注文者の名前の所に、タレント名鑑で見たことのある外国語が堪能なスタイルのいい男性モデルSの名前が……。

ウーバーイーツを利用したことがある人は知っていると思うが、アプリで名前を登録する際、ニックネームやイニシャル、偽名でもOKである。東京の下町に住む空手が得意なイケメン俳優Yの所に豚バラ丼を配達したら、中から私のような立派な腹をした糖尿病予備軍のような体型のおじさんが現れたことがある。

土曜日の朝、オシャレなカフェから配達に行きインターホンを鳴らすと、酒焼けで声がガラガラの人気アイドルMが出てきたことも。「今回はどんな人が出てくるんだろう？」と偽名とのギャップにワクワクしながら港区にあるマンションへ向かうと……。

指定の住所に着きインターホンを鳴らすと、返ってきたのはハリのある若い男の声。「この声で脂っこい中年男性が出てくるのだろうな……」なんて期待していたら、出てきたのはモデルのS本人ではないか！

確かに「ニコニコパンダちゃん」なんてニックネームで登録したら、料理がなかなか来ないときにクレームを入れる際「おい！　注文、どーなってんだよ‼」と言っても、ほっこりするばかりで怒りが伝わりにくい。

だから偽名は使わないのかもしれないが、せめて「佐藤一郎」ぐらいの、どこにでもありそうな名前にした方がいいのではと思った。

人気商売なだけに、どこで見られているかわからないのだから。とはいえ、私はただの配達員なので、配達以外のことであれこれ言う立場ではない。商品を渡して「ありがとうございました」とあいさつをして立ち去った。

セクシー女優本人が登録

2020年2月、恵比寿で配達していたときに入った依頼は、サラダの専門店からの注文。店で品物を受け取って配達先を見ると、出てきたのはドラマや映画でも主役を演じることがあり、胸を強調したセクシー系の役が印象深い女優N。

さすがにこれは偽名だろうと思って配達先を見ると、芸能事務所の住所が。スマホで調べてみると、表示されたNの所属事務所も、配達先と同じ。配達方法を見ると**置き配**ではなく、直接渡す設定になっている……。

これは間違いなく、本人と会える！

期待に胸を膨らませ、配達先のビルへ。エレベーターに乗り、ドキドキしながら配達すると……現れたのはマネージャーと思われる女性スタッフだった。

まぁ、考えてみれば、所属事務所で打ち合わせをしているのであればマネージャーが近くにいるわけだから、本人が直接受け取らないのは当たり前だろう。

コロナ拡大の前は「置き配」というシステムがなかったので、港区や渋谷区で配達していると、たま〜にインターホンを鳴らしたら芸能人が出てきた、なんてことがあったが、最近はテレビで見たことがある人と会うことがすっかりなくなった。

本名で登録したら配達員に住んでいる場所がバレるわけだから、偽名で登録して置き配するように指示するのは当然だろう。

というわけで「もしかしたら、好きなアイドルの自宅へ配達できるかも！」と期待して

置き配：利用客の在宅・不在にかかわらず、玄関前など、指定された場所に配達物を置くこと。

配達員になったとしても、相手の名前も顔も配達員に伝わらない置き配システムが普及しているので期待するだけ無駄である。

某月某日

コロナ自粛で注文が減る怪

絶望…

2020年4月、新型コロナ感染症拡大後初めての緊急事態宣言で、私は東京都内のウーバーイーツの注文が増えると予想した。「巣ごもり」が推奨されているので、デリバリーの利用が激増するだろうと踏んだのだ。

稼げるときにしっかり稼ぐのがフリーランスの鉄則。4月8日の朝には配達員用のアプリを起動し、万全の状態で注文を待った。

……がしかし、最初の依頼がなかなか入らない。その後の11時から13時、19時から22時というコアタイムも思ったように依頼が入らず、収入面でも正直厳しいものだった。

これはどういったわけだろう。私が普段活動する範囲が、オフィスの集まる中央区や千代田区であることが原因かと思い(とはいえ、住宅地もある)、配達仲間にも聞いてみたが、驚くべきことにどこのエリアでも注文数が減ったとのこと。

自分なりに分析した結果、ふたつの理由があるのではないかと思っている。

ひとつ目は、大手のハンバーガーチェーンや牛丼チェーン、カフェといったよくデリバリーされていた店の臨時休業や**営業時間短縮**の影響だ。確かに、いつもなら21時以降も配達依頼があったのだが、この日は21時には注文がピタリと止まった。

営業時間短縮:特にスターバックスの休業が大きかった。

そしてふたつ目は外出自粛の要請を受けて、とりあえずスーパーで食料を買い込んで、家にこもろうと考えた人が多いのではないかということ。

まぁ当たり前かもしれない。私は基本的に自炊をしないが、「外に出るな」と言われたら、食料品をいろいろ買い込むものなのだろう。確かに午前中に住宅地を運転していると、通常時よりも家庭のゴミの量が増えていた気がする。

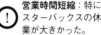

騒動のさなか、巣鴨や戸越銀座の商店街など一部地域では街を出歩く人出の多さが報じられ問題となったが、宣言が出てからというもの、私の実感として自転車での配達はぐーんとしやすくなった。

それまでなら、歩道を走れば歩行者に邪魔者扱いされ、車道を走れば自動車やバイク、そしてロードバイクのようなスピードの出る自転車に邪魔者扱いされる毎日。電動シェアサイクルでの配達は肩身が狭いものだった。

しかし1回目の緊急事態宣言時、路上の交通量は激減。原宿の竹下通りのような、普段は歩行者であふれている場所の店へ料理を取りにいくのもスムーズになった。

シェアサイクルも借りやすくなった。いつもなら絶対に自転車がない、もしくはバッテリー残量が少ない自転車しかない場所にも残量が十分な自転車が2～3台あるため、残量がわずかになってからの「早く次の自転車を探さないと!!」というプレッシャーから解放され、ストレスも大幅ダウンだ。

スルー：私の図体の大きさが関係しているのかもしれないが……。

腹が減っているから募るイライラ

またコロナ騒動で世の中はより一層殺伐さが増した印象だが、配達員同士の絆は深まったように思う。

タワーマンションへの配達時には宅配便の配達員と会うことが多く、私は会うたびに「ご苦労様です」と声をかけていたのだが、コロナ騒動の前は**スルー**される場合が多かったと記憶している。

それが最近では、エレベーターなどの密閉空間では会釈を、建物の入り口のような風通しの良い場所では「ご苦労様」と、向こうから声をかけられるようになった（もちろん、お互いマスクはしている）。

こんなに上機嫌な宅配便配達員はまずいない。なぜ、彼らが変わったのか、声をかけてくれた宅配便の人と雑談をするうちにその理由が判明した。「配達する荷物の量は増えたけど、みんな家にいるのがいいよね。不在票を書いたり、再配達したりする手間がなくなって仕事が早く終わるようになった」そうなのだ。

確かに宅配便のスタッフはイライラしている人が多かったので合点がいった。置き配が増えたのもあるだろう。おかげで、何人かの宅配便の人と仲良くなれた。

以前、恵比寿の店の前で料理が出来上がるのを待っているとき、同じく料理待ちをしていた大ベテランの配達員からこう教えられた。「ウーバーイーツを注文する人は、腹が減っている。空腹というストレスを抱えているから、ちょっとしたことでも怒りが爆発する」と。

確かにこちらにミスがなくても、小言を言われたり、当たり散らされたりしたことも多い。そのアドバイスを聞いてからというもの、私は届け先での理不尽な怒りを上手に受け流せるよう、いつでも心の準備をしている。

某月某日

配達員の飽和で起きた悲劇

悲報…

コロナ禍で極力外出を控えるという**窮屈な日々**がつづいているが、ウーバーイーツ配達員に休みはない。私は相変わらず、都内各地をグルグル回る毎日だ。

「ウーバーイーツは仕事が増えて大変だろう」なんて声をかけられることも多いのだが、経済とはなかなか複雑なもの。働いている時間に差はないのに、私は収入が減ってしまった。

至極単純な話だ。本業がヒマになったのか、もしくはやむなく休業している飲食店関係者なのか、ウーバーイーツの配達員が一気に増えたことが原因だ。交差点に配達員が5人集まっていたときもある。街中で女性の配達員を目にすることも多くなった。

1日平均1万5000円~2万円は稼いでいた私だが、緊急事態宣言後の売上げは1日

！ 窮屈な日々：2020年の1回目の緊急事態宣言時。

平均1万円～1万5000円。最大50％ダウンといったところだ。

外出自粛が呼びかけられた直後とはまた街の風景が変わった。

少し前までは朝の配達時に大行列を見つけたら、大概は開店前のドラッグストアのものだった。しかし三密を避けるための対策なのだろうか、タイムセールのような感じで突然マスクを販売しているのをよく見かけた。

マスクといえば先日、ウーバーイーツの運営サイドからマスク25枚を無料で配布するとのメールが来た。3月末（2020年）以降で、一定の配達数を行っている人限定のサービスとのこと。**どんなマスク**が届くのか。届いたら厚生労働省からもらったマスクと比較しなくては（笑）。

どんなマスク：不織布のマスクだった。

迷ったときはウーバー配達員から連絡

街の様子ではないが、コロナをきっかけにウーバーイーツで料理を注文してみようという「初心者」は、ものすごく増えた。

ウーバーイーツは、少しでも多くの人から注文を受け付けたいので、アプリの住所設定が少々適当でも「登録OK」となってしまうことはあまり知られていない。当然、そのしわ寄せは配達員に来るわけで、配達員用のアプリで配達先の地図を見ると、たまに海の上に目的地の赤いピンが立っていて「ここへ行け」と指示されていることも……。

これを「ピンずれ」と言っている。

何度も注文している人は、地図の位置を修正したり、注意書きの欄に「地図ではピンがずれて表示されますが、実際の場所は●●になります」と指示が入るので、住所が書かれておらず、変な場所が地図上に表示される場合は注文の初心者とみて間違いない。

ピンずれがあったとき、私は配達先の注文者に「どこへ行ったらいいのかわからず、料理を受け取った店で立ち往生しております」とメッセージを打つことにしている。

しばらくしても既読がつかない場合は電話をかける。ちなみに、メッセージ、電話とも、運営を経由して届けられるので、注文者のアドレスや電話番号は配達員にわからないシステムになっている。

ここで注文者につながって正しい住所がわかれば問題解決となるわけだが、知らない所からのメッセージや電話を警戒するからなのか、つながらないことも多い。

このような場合、配達員はアプリを通して運営側に「注文者とつながらない」事実を連絡。すると運営側が注文者へ確認をとることになる。

それでも連絡が取れない場合、〝注文者都合によるキャンセル〟となる。注文者の都合だから料理は届かない。そして、しっかりクレジットカードから代金は引き落とされる。

ここで初めて配達員にうれしい役得がある。キャンセルになった料理は配達員が処分する、つまり「食べちゃっていいよ」ということになるのだ。１％にも満たない確率ではあるが、おいしい思いをすることがまれにあるわけだ。

このキャンセルは、配達員が電話連絡をして、つながらないことを運営側に伝えてから10分後に成立してしまう。

だから、ウーバーイーツで注文後に知らない番号から電話がかかってきた場合は、とりあえず電話に出た方がいい。

某月某日

深夜のからあげクンだけは頼むな!

ウーバーイーツには、「絶対に注文してはいけないもの」がある。

今や国民食となった牛丼。吉野家・松屋・すき家・なか卯の日本4大牛丼チェーンは、当然のようにウーバーイーツに加盟している。利用者もかなり多いが、配達員の立場から注文してはいけないと言いたいのが「豚汁」だ。

牛丼チェーンのテイクアウトは、具材や汁がこぼれないよう、商品を縦に高く積む、というのがその**理由**だ。

(!) **理由**：手で持って帰る場合は、縦に積まれた方が商品が偏りにくい。

例えば松屋の場合、テイクアウトには透明で縦長の袋を使っている。一般の注文客が手で持って帰るには便利な作りだ。ウーバーイーツの配達員にも、下から牛丼・牛丼・豚汁といった並びで、高く積まれた商品が手渡されるのだが、ここで問題がひとつ。リュックに入れたときのバランスがよくないのだ。また、仕切りがないタイプを使っている配達員が一定数いるため、倒れてこぼれるリスクが高い。

経験の浅い配達員が、渡されたものをそのままリュックに入れて運んでしまうことは十分にあり得る。豚汁や味噌汁などの汁物は、上の方に置かれることが多いので大変危険だ。牛丼と一緒に豚汁が食べたくなるのはわかるが、ウーバーイーツで注文する際は、ある程度のリスクがあるのを覚悟しなくてはならない。

ちなみに私の場合は、牛丼チェーンで商品を受け取ったら、縦積みされている商品を袋から取り出して、横に並べて配送先まで行き、玄関の手前で袋に入れ直して、注文者に渡すことで、汁物がこぼれるリスクを回避している。

一方、ピザもウーバーイーツで注文すると、後悔することが多いだろう。配達員が使っているリュックの中には、大きなピザを収納できないタイプもあるため、配達員が店まで来たにもかかわらず「商品が運べない」という理由で、キャンセルする可能性がある。

そうなると、そこから次の配達員探しを始めるため、届くまでに時間がかかるし、店側の保温容器に入れているとはいえ、ピザが冷めてしまう。

最近は、配達手数料のサブスクリプション化や、一定額以上の注文をすると配達料が安くなることから、ウーバーイーツを使ってピザを注文する人が増えているが、リュックの事情で商品を運べない配達員がいるリスクを考えると、ピザ屋さんに直接運んでもらうのがベストだと思う。

ちなみに私のリュックは、Lサイズのピザでも運べるタイプだ。これまでに2回、別の配達員の代打でピザを配達したことがある。

一番人気の商品なのに注文してはいけないのは……

そして、個人的「一番注文してはいけないNO1」は、「深夜のからあげクン」だ。

一部メディアでは、ウーバーイーツで一番注文されている商品、と取り上げられたほど人気の商品で、ローソンに商品を受け取りに行くと、渡されたレジ袋の中に大抵入っているのが「からあげクン」なのだ。

しかし、間違っても〝深夜〟に注文してはいけない。

販売を停止：最近は、深夜でも「からあげクン」を作る店舗も出てきた。

なぜなら深夜のコンビニは、レジ横のおでんや中華まん、揚げ物の販売を停止していることが多いからだ。

コンビニのバイトをしたことがないので、詳しい事情はわからないが、深夜は商品の入荷や棚に並べる作業が忙しいのと、ほかの時間帯に比べてレジ横の商品が売れないという事情があるかと思われる。

そんなわけで、店内では「からあげクン」も**販売を停止**しているのだが、ウーバーイーツのアプリからだと、なぜか注文できてしまうのだ。

「注文できるなら頼んじゃおうかな～」という感覚で、アプリに表示されている「からあげクン」の画面にタッチすると、どうなってしまうのだろう?

これは私が経験したことなので、すべての注文に当てはまるかどうかはわからないが、以前、深夜にローソンへ商品を受け取りに行ったときのこと。店に入って店員さんに「ウーバーイーツです」と伝えると「すごく時間がかかるので、お待ちください」と不機嫌そうな一言が。

「すごく」という言葉が気になったので「何かトラブルですか?」と聞くと「今から揚げ

るので」とピシャリ。フライヤーに油を新しく入れて熱して、そこから唐揚げを作るので時間がかかるとのことだった。

店の隅っこで、ぼんやり待機していると、油が温まらないのか、10分たっても「からあげクン」をフライヤーに投入する気配がない。15分ほどたったところで、ようやく投入され、店員さんから「あと5分くらいで揚がります」との言葉が。そして5分後、ようやく商品が出来上がった。

私が注文を受けてから、店へ向かうまでにかかった時間が5分ほど。ということは「配達員確定→配達員到着→商品完成」まで、トータルで25分かかった計算になる。

深夜のコンビニに揚げ物を注文するときは、時間とお腹のすき具合に余裕があるときにお願いしたいと思う。

某月某日

記憶に残るヘンテコ注文ベスト5

街で見かける配達員の数が異常に多くなったことで「仕事がなくなった人が増えたんだなぁ」とか、それでも注文する人がいることから「こんな状況でも、お金を持っている人は持っているんだなぁ」なんて思ったりする。

配達回数も数千回になると、「なぜそれをウーバーイーツで注文するの?」という注文者もいる……。「風変わりな注文ベスト5」を考えてみる。

第5位は「週刊文春1冊」。

あまり知られていないようだが、ウーバーイーツではコンビニエンスストアのローソン

買い溜め騒動：新型コロナウイルスの感染拡大がつづく2020年2月、流言がもとでトイレットペーパーの買い溜めが起きた。

で販売されている商品も配達している。対応している店舗はまだまだ少ないものの、ちょこちょこ注文は入る。コンビニなので、食べ物以外のものも運ぶことが多く、先日の**買い溜め騒動**の際はトイレットペーパーを注文する注文者もいた。

そんな中で一番変わっていたのが、「週刊文春1冊」という注文。昨年末、店で受け取った雑誌をおよそ2キロ先のお宅まで届けた。この配達で私は５００円ほどの配達料を受け取ったのだが、確か雑誌の価格は４４０円ほど。注文者はこの1冊を購入するのにいくらかかったのだろうか？　もちろん個人情報など明かせないが、スクープされた芸能人でもなかったと思う。一見無駄にしか思えないコストをかける理由に謎が残り、たまに思い出すとモヤモヤしてしまう。

第4位は「メロンパン1個」。

まるで中高生のパシリになった気分で配達したメロンパン。意外なことに、7～8回ほどは「メロンパン1個」を配達している。ヒマに飽かしていろいろなベーカリーからメロンパンを1個だけオーダーし、味を比べてメロンパンランキングを作ったり、メロンパンに関するエピソードをＳＮＳで公開したりするためにやっていたと思われるが、高くても

1個200円程度のメロンパンに数百円の配達料を支払うなんて、ずいぶん無駄なお金の使い方をする人が増えているなぁと思ったものだ。

ちなみに、途中からは「ここのパン屋もウーバーイーツをやっているので、店の近くで待っていたらメロンパンの配達依頼が来るかも」と期待して、ベーカリーの近くをウロウロして思惑通り配達にありついたこともいい思い出だ。

ギャルよりもおっさんが選ばれる謎

第3位は「スマイル100個」。

マクドナルドには、「スマイル」というメニューがある。価格は0円で、まぁ店側の心意気のようなものだろうが、私が配達員を始めた2018年頃はマクドナルドで注文する際にスマイルを注文する人が多かったものだ。

そして、注文者に商品を届けると「あれ？　スマイルはないの？」と、面倒な絡み方をする人がたびたびいた。言われるたびに「私たち配達員の仕事は、店から商品を運ぶこと。スマイルの有無については、店に確認してください」と事務的に返していた。

すると、ある日から一部のマクドナルドではスマイルの注文があるたび、紙袋にスマイルマークを書くようになったのだ。

それがエスカレートしたのがこの「スマイル100個」。渡された紙袋は、スマイルマークで真っ黒だった。写真を撮っていないのが悔やまれるが、店員さんも意地になっていたのだろう（笑）。


第2位は「スムージーとヨーグルト」。

最強の面倒くさがり屋さんからの注文だ。ローソンから配達した商品なのだが、注文を受け取り、自転車でえっちらおっちらと3キロぐらい走って、お届け先のマンションの1階でローソンを見つけたときの「え!?」感は忘れられない。

ローソンにはウーバーイーツのサービスを行っている店とそうでない店があり、この1階の店は配達のサービスを行っていなかったのだが……。

1階に行くのも面倒だったのだろうか？　それとも、すっぴんで絶対に外に出たくないというポリシーがあるのだろうか。今でも謎が残る。

念のため、配達先の1階のローソンで確認したところ、注文者がオーダーしたスムージーとヨーグルトを見つけたことは言うまでもない。私は一体何をやらされたのだろうか？

そして第1位が「フーターズ」だ。

この店の一番の売りは、フーターズガールと呼ばれるパッツンパッツンのコスチュームを着た陽気な女性がフライドチキンやポテトなどアメリカンな食べ物を運ぶというサービスだ。

「ミスフーターズコンテスト」というイベントを定期的に行うなど、ここは料理を運ぶ女性たちにスポットを当てている店。個人的には目の保養のために行く店だと思っている。

そんな店の食べ物をウーバーイーツで注文するってどんな気持ちなのだろうか？　20代のピチピチのギャルの代わりに、40代半ばの中年男性が運んだ料理を、果たしておいしく食べられるのだろうか？

実はこれまでに5回ほど、この店の料理を運んだことがあるのだが、すごく謎なオーダーだ。まあ配達員にとっては、料理ができるまでの間、フーターズガールを見放題なのでありがたい注文なのだが（笑）。

現段階では、こんな感じのベスト5だが、もっと変わった注文が来るかもしれない。そんなことを期待しながら、毎日配達をつづけている。

プレッシャーがかかる配達物

冷や汗

某月某日

ウーバーイーツではハンバーガーや牛丼、中華料理、タピオカ……いずれも運び方にコツが必要なものだが、それ以上に大変な配達物も増えてきた。運ぶ際にプレッシャーがかかったベスト3を考えてみる。

第3位は、作り立てのジュースだ。リュックに仕切りなど作ってしまえば、ミッションの難易度は高くないのだが、問題なのは賞味期限。

コンビニでスムージーが販売されるほど健康志向の高い人が多い今の世の中、都内には無農薬で作られた新鮮な果物や野菜をふんだんに使ったジュースやスムージーを販売する店がたくさんある。

中には、注文を受けてから材料をミキサーにかけ「作りたて」をウリにしている店も多く、驚くべきことに大抵の店には「時間をおくと酸化して味わいが変わるため、20分以内にお飲みください」といった注意書きがあるのだ！

もうこうなると時間との戦いだ。配達員は店で商品を受け取り、配達員用のアプリの「配達開始」ボタンを押して初めて、配達先がわかるというシステムになっているのだが、この瞬間はまさにルーレット感覚。祈るような気持ちでポチリ！

……示された場所が４キロ先のタワーマンションになっていた日には正直、地獄でしかない。

なぜならタワーマンションの多くは、配達の際に入館手続きをしなければならないからだ。しかも、50階建てのマンションなのに配達員が使用できるエレベーターは１台……なんてこともよくある話。マンションの入り口から部屋まで10分以上かかることも。

賞味期限は20分。しかも運んでいるのはドリンク。ストローを挿す部分は×の切り込みがついているので、自転車を前傾姿勢でこいだり、スピードを出しながら段差のある道を通過したりすると、中身がこぼれてしまう。

さらに私が使用しているのは、ウーバーイーツの配達員専用のリュックの中で、一番ドリンクが倒れやすい構造になっているので、賞味期限内に注文者のもとへ運ぶのは相当なプレッシャーなのだ。

4万円のステーキを自転車でサーブ

つづいてプレッシャー荷物の第2位は、超高級ステーキだ。最近はテイクアウトに力を入れる高級店が増えた。そんな中でもぶっちぎりで高いのが、六本木U店のステーキ。

ある、小雨が降る夜に初めて運んだのだが、店に到着して渡されたのが、ほかの店では見たことがないくらい大きな化粧箱。宅配チェーンのMサイズのピザよりも大きくて驚いた。店のスタッフに聞いてみると「テイクアウトのため、ウーバーイーツの運営スタッフにサイズを聞いて作った」とのこと。

そんなステーキ専用の箱を詰めて配達先へ向かう際、ちょっと気になって価格を調べてみたところ……お値段はなんと4万円オーバー！　マンホールで滑ったり、暗い道から急に車両が出てきてリュックの中身がグチャグチャになったりしてしまったら……。

そんなことを想像すると、スピードを出す気にならない。結局2キロの道のりに15分ほどかけるというビビリな私。早歩きほどのスピードで慎重に運んだ。

ちなみにウーバーイーツからもらえた配送料は523円……。

時間帯や距離が反映されるとはいえ、なんだかトホホな気分になってしまったのは言うまでもない。


そして第1位は、バースデーケーキの配達！　小春日和の温かいある日、14時頃に向かったのは街のケーキ屋さん。

ティータイムにショートケーキを食べる人がいるのかなと思いながら店へ行くと、渡されたのはホールケーキが入るほどの大きな箱。中身を見ることはできなかったが、箱の脇にはロウソクが6本……。

バツなし子なし、いわゆる独身の私にだって6歳の誕生日を祝うバースデーケーキだということくらいわかる。

チップ：2020年5月に始まった制度。

そして、こちらで勝手に思い浮かべる妄想でプレッシャーが強まる。緊急事態宣言の中、6歳になる子供。外で遊ぶことができない日々。本当は自宅に友達を呼んでお誕生会を開きたいけど今年はできない。

「来年、小学校に入ったら、学校の友達とお祝いしようね」となだめる母親。この状況の中で最大限誕生日を祝おうと、子供が大好きなケーキ屋さんの一番好きなケーキをウーバーイーツで注文する。

いつもよりは寂しいけど、家族全員でお祝いしてあげよう。そんな思いで母親がケーキを頼んだのに、もしもケーキの形が崩れてしまったら……。

ステーキ以上にプレッシャーのかかるミッションだったが、急発進と急ブレーキはしないよう気をつけ、段差が多い区間は自転車を降りて歩くなどして、なんとか運ぶことができた。

配達後に175円の**チップ**をもらえたので、どうやら崩さずに運べたようだ。

某月某日

とんでもない配達スポット

驚き！

何年も配達員として働いていると、こちらが予想しないような場所への配達指示をもらうことがある。

始めたばかりの２０１８年。驚いたのが、都内某ラブホテルへの配達だ。当時のウーバーイーツは、知る人ぞ知るといった存在で、配達員も渋谷や六本木以外のエリアではほとんど見ることがなかった。

現在のようにサービス提供時間も決まっておらず、深夜3時や早朝5時に配達の依頼が来ることもしばしば。あたりもまだ真っ暗の朝4時に依頼を受け、深夜営業の焼肉店で弁当を受け取り、配達開始のボタンを押すと、指示された場所はホテル街のど真ん中だった。ご丁寧にホテルの名前と部屋番号まで記されている。

えっちらおっちらと自転車をこぎ、ホテル街に突入した私は、駐車場の入り口にあるワカメのようなのれんをくぐり、駐車場に自転車を止めてホテルの中へ。

ちょっとした背徳感を味わいながら指定された部屋へ行こうとしたところ……さすがにフロントで止められてしまった。宿泊している客の顔が見られず残念な気持ちになったのを覚えている。まあ、部屋まで行ったところで、扉の所には男性しか出てこないんだろうが、ちょっとしたドギマギを経験した配達ではあった。

一方、コロナ前に22時以降の注文でよく届けていたのが病院だ。宿直のお医者さんたちも体力勝負なのだろう、すた丼などのガッツリしたメニューを頼むことが多く、病院によっては医局の中の先生のいる場所まで直接届けることもあった。

われわれの命を守るため緊急事態に備える先生に食事を届けると、自分も少しは世の中の役に立てていると思えて嬉しかった。しかし、コロナの影響が大きくなってからは、病院への配達はすっかりなくなってしまった。

膝枕のコスプレ美女にこんにちは

都内のカフェでサンドイッチとドリンクのセットを受け取り、注文先を確認すると、アプリに示されたのは、とある秋葉原の雑居ビルだった。自転車をこぐこと十数分。ビルの前に止めてエレベーターに乗り、指示された階のボタンを押してから、その階にどんなテナントが入っているかを確認して一瞬ポカンとしてしまった。

フロアに着きエレベーターの扉が開くと、そこには「●●リフレ秋葉原店」の受付カウンターが。恐る恐る店の人に尋ねると「あ、それなら4号室で」と言われ、指示された部屋に入ると、制服を着た女の子に膝枕をされている男性の姿が。

側室の部屋に夜伽《よとぎ》に来ているお殿様に夜食をもっていく小姓の気分だ。

こちらは商品を渡したら任務完了なので、膝枕されている男性にカフェで受け取った商品を渡して、そのまま店を出たのだが、制服を

着た女の子といちゃいちゃするプレイ中にウーバーイーツを利用するとは思わなかった。
あれは、ちょっとした羞恥《しゅうち》プレイの一種だったのだろうか？

某月某日

都内に点在する癒やしの休憩スポット いいね！

私たち配達員は「どこで休憩するか」という問題でいつも頭を悩ませている。自転車を降り、日陰でスマホをいじくる配達員を目にしたことがあるのではないだろうか。配達依頼が少なくなる14時～17時の間をどう潰すかが大きな問題だ。

もし、この3時間がまるまる空き時間だったら、ファミレスに入って遅い昼食を取り、ドリンクバーのジュースを飲みながら休憩するのだが、配達の依頼はいつ入るかわからない。

それ以前に、懐からお金が出ていくのも気になる。

結局、店に入って休憩するということはほとんどしたことがないのが実情だが、「20分程度休憩するのにちょうどいい場所がないか」と探した結果、いくつかのオアシスと呼ぶにふさわしいスポットを見つけた。

私が休憩スポットで一番利用しているのが図書館だ。

うだるような暑さが続く夏、クーラーの効いた部屋のありがたさは何ものにも変えられない。港区の有栖川宮記念公園の中にある都立中央図書館や、日比谷公園の中にある千代田区立日比谷図書文化館は、配達依頼が多い人気店からもほど近いので、待機するのにピッタリ。

大きくて邪魔になる配達員用のリュックも無料のロッカーの中に入れることができるので、空き時間を快適に過ごせる。さらに図書館内には食堂やカフェもあり、定食やカレー、麺類といった食事をリーズナブルに楽しむことができる。

コロナの影響で都立中央図書館は入館人数を制限したり食堂の営業を休止したりしていたが、日比谷図書文化館は入館の際の体温チェックで問題なければ普通に入れ、食堂も営業していた。

次に利用頻度が高いのが本数の少ないバス停のベンチだ。

恐らく、バスの走る道路の真下に地下鉄ができたとか、バスのルートの途中にあった大きな病院が移転したとかで利用者が減ったのだろう。立派な屋根やベンチがあるのに、バスが1時間に1本しか来ないようなところもあるのだからもったいない。

そんなバス停は格好の休憩場所。夏、汗びっしょりで図書館に入りづらいときは屋根で作られた日陰と、人もバスもほとんどやって来ないこの場所は、休憩するのにもってこいである。

ちょっぴり贅沢したいときや、体力を回復したいときに立ち寄りたいのが銭湯。

1968年のピーク時と比べると3分の1ほどしか営業していないそうだが、東京都内には数多くの銭湯がある。入浴料は470円と決して安くはないものの、真冬の体が冷え切った中の配達や、汗だくになって自転車をこぐ真夏の配達の途中、休憩がてらに入る大きな風呂の気持ちよさは格別だ。あがったあとに腰に手を当てて牛乳を飲めば体力も復活する。

配達中に入る風呂の気持ちよさを覚えてしまった私は、それ以降、配達の際は必ず着替えとバスタオルを配達用のリュックの中に入れている。もちろん、密閉できる袋とビニール袋とで二重にするという最低限のマナーは守った上での話だ。

配達員が直面する「トイレ問題」

休憩スポットだけがオアシスではない。生理的欲求に対応してくれる場所、トイレにもオアシスがある。

公園内にある公衆便所は、一昔前から比べると格段ときれいになり、トイレットペーパーも置いてある所が多くなったが、たまにトイレットペーパーがなかったり、誰かのいたずらで紙がビシャビシャに濡れていたりするときがある。

また、便器からはみ出す〝ラフプレー〟を見かけて、ゲンナリすることもしばしばだ。

配達員とはいえ飲食に関わる仕事なので、そういう所で用を足すのもなんだからと、配達中は常に「このあたりで催したらあそこのトイレ」というトイレマップは頭の中にできている。そんなお気に入りのトイレの中でも一番のおすすめが、S区バスターミナルの中にあるトイレ。

ターミナルの建物の中にウーバーイーツ加盟店があり、注文が入ればターミナルの「利用者」になる。そうなれば、堂々とトイレに入ることができるのだ。トイレ内も冷房が効いていて、温水洗浄便座完備。公園のトイレとは比較にならない快適さだ。

大手町や丸の内のオフィスビルの中のトイレの使い勝手も抜群だ。普通、配達員は効率良く配達をしたいので、注文者から「●●ビルの28階です。1階で入館手続きをしてからエレベーターで上がってください」という指示があると、「届けるまで時間がかかるので面倒くさい」と考える。だが、私は心の中でガッツポーズだ。きれいなビルのきれいなトイレで、効率良くリフレッシュタイムが取れるから。

タワーマンションでたまにある、作業員用のトイレもいい。

そうそう、ある日六本木ヒルズへ配達に行ったのだが、自転車配達員は地下を通らないで建物の中に入るルートを案内されるので、某お笑いタレントの不倫で話題になった地下駐車場の近くにある**多目的トイレ**を使うことはできなかった。

グルメ関係の仕事をしているので使えると思ったのに残念だった（笑）。

多目的トイレ：有名グルメタレントが悪用して一躍有名になった。

名古屋に出稼ぎに行ってみた

あらら…

某月某日

ⓘ GoToキャンペーン：休業要請で落ち込んだ景気を再興することを目的として2020年4月に発令された経済対策。

「GoToキャンペーン」で交通費や宿泊費が空前の下がり方をしていた。

昔、ギャンブル好きのライターが旅行がてら地方の競輪場へ出かけて大穴を当て、「旅打ちで儲けちゃったよ。交通費や宿代、メシ代を差し引いてもプラスになってさぁ〜」なんて自慢されたことがある。

そんな20年前のことをふと思い出し、旅先でおいしいものを食べつつ配達すれば、交通費や宿代、食事代を差し引いてもプラスになるのではなかろうかという甘い見通しで、名古屋へ「旅打ち」ならぬ「旅配達」に行ってきた。

ウーバーイーツ配達員用のアプリは、配達エリア内であれば配達開始ボタンを押すだけで依頼がやって来る。配達用の大きなリュックさえ持っていけば、全国各地で配達をすることが可能だ。

まあ、自分が登録しているエリア以外の場所だと、一定回数配達することで発生するボーナスなどがもらえないので、稼ぎの効率としては悪いのだが、今回はそこには目をつぶる。

まずはざっくりと旅のプランを立てた。

【1日目】昼頃、高速バスに乗車。夕方頃、名古屋到着。ビジネスホテルにチェックイン後、地元グルメを食べる。

【2日目】朝7時、配達開始。深夜1時、配達終了。

【3日目】朝、高速バスに乗車。昼過ぎ、東京到着。

ビジネスホテルに2泊するのは、待機場所の確保のため。配達依頼があまり入らない時間帯に待機&休憩できる場所を確保するのは、アラフォー配達員にとってはとても大事だ。こういったクレバーな判断は、昨日今日配達を始めた若手配達員にはできないだろう。

格安バスを使い交通費は往復5000円、宿代はGoToトラベルを活用し4500円

（2000円のクーポン付き）、宿代と交通費の合計は9500円となった。

初日は昼過ぎに高速バスに乗り込み、少し残った原稿を執筆したら一休み。名古屋に到着し、繁華街の栄にあるビジネスホテルにチェックインしたのは18時過ぎだった。

次の日に使うシェアサイクルの貸し出しポートの場所を確認すると、スマホホルダーがついた豪華仕様。自然とテンションも上がり、奮発して名物のひつまぶし（3800円、クーポン利用で1800円）を食べた。

名古屋走りを警戒しつつ……

そして2日目。朝6時30分に起きて自転車を借り、サービス開始時間である朝7時に配達開始ボタンを押した。千里の道も一歩から。まずは最初の配達依頼を待つ。

都内では普段、この時間帯によく注文が入るマクドナルドやスターバックスがホテルの近場にあるので期待したのだが、スマホがうんともすんともいわない。「まぁ入れ食いはないか」なんて余裕をこいていたが、ようやく最初の依頼が来たのが1時間後の朝8時。日が悪いのか場所が悪いのか……とりあえず指示されたマクドナルドへと向かう。

店へ向かっているときに気がついたのだが、名古屋の街はとても道が広い。私の待機している栄のビジネスホテル周辺では大通りはもちろん、1本裏に入った道でも広い歩道がある。これは、世界のTOYOTAの本社がある愛知県だからなのだろうか。

一部の車道の脇には自転車専用道が整備されているが、歩道が広いので、自転車は基本的に歩道を走っている。人も多くはないので東京都内と比べると、とても走りやすい。だが、落とし穴もあった。歩道はデコボコが多く、さらに交差点では必ず段差があるので、ドリンクや汁物を運ぶとき、中身がこぼれる危険性が高いのだ。

東京都内であれば、段差のない車道の左端を走って危険を回避するのだが、いかにも「自転車は歩道を走るものだ」と誰もが思いながら車を運転していそうなこのエリアで、車道に出るほど私は向こう見ずではない。

「マクドナルドはドリンクを一緒に注文する注文者が多いからいやだなぁ……」なんて独り言をボソボソ言いながら店へ向かうと、案の定ドリンクを渡された。

とりあえず、段差があるところではサドルからお尻を少し浮かせる、という方法で段差問題をクリアし、中身をこぼすことなく1件目の配達が終了した。

配達を終えて待機場所のビジネスホテルへと戻る最中、段差の対応策をいろいろと考えたのだが、杞憂だった。

配達依頼が全然来ないのだ。ビジネスホテルに戻ったのが8時30分。そこから19時30分までの11時間、やって来た配達依頼はたったの6件。朝7時に配達を始めたのに、ここまでの収入はたったの2624円。前日にひつまぶしを食べてしまっているので1万円以上の大赤字だ。

せめて赤字額を5000円程度に抑えたいが、依頼が来なければどうしようもない。

「今回の旅配達は大失敗だ……」とベッドでふて寝を決め込んでいたら、19時30分から突然配達ラッシュがやって来た。

24時30分までの5時間で11回の配達依頼が飛び込み、台湾まぜそばやらカレー、ローソンのからあげクンなどの商品を栄から名古屋城の北側の住宅地や、千種、大曽根、鶴舞の駅周辺まで運びまくった。

結果、1日の収入は、6976円となり、宿代、交通費、ひつまぶし代を差し引くと、トータルでマイナス4324円と、なんとか赤字額を5000円以内に収めることができた(昼間に食べたパン代はここに含めない)。

うまいものは食べられたわけだし、これでよしとしようと、翌日も高速バスに乗り自宅へ戻ると、スマホに一通のメールが。

「シェアサイクルの利用金額は3200円です」

まさかの出費で泣きっ面に蜂。使用料金を調べなかったこちらの落ち度だがさ……やっぱり世の中も配達員の仕事も甘くない。

某月某日

クリスマスに荒稼ぎするスゴ技伝授！

年末年始はわれわれにとって稼ぎどき。大掃除で料理を作る時間が取れない主婦からの注文や、お父さんはとんかつ、お母さんはタイ料理、子供たちはピザといった感じの、それぞれが好きな料理を注文して食卓で味わう家庭からのオーダーなど、この時期ならではの配達依頼がたくさん舞い込む。

特にクリスマスの時期（12月23～25日）に私が狙ってやっている稼ぎ方を記しておく。なお、この方法は100％稼げる方法ではなく、あくまで個人的にやってみて「配達依頼が増えた」と感じた程度のもの。

しかもコロナ拡大前に実践したものなので、この方法を模倣して稼げなくても責任はもてない（笑）。

日本のクリスマスといえばチキン。クリスマスが近づくとテレビでケンタッキーフライドチキン（以下ケンタ）のCMがこれでもかというほど流れる。もちろん男やもめのアラフォー配達員の私にはなんの関係もない。この疎外感をまったく気にしなくなってからどれくらいの年月がたっているのかすら忘れてしまった。

ちなみにケンタはウーバーイーツによるデリバリーを行っているが、クリスマスの間は、店の近くで待機していても、配達依頼が入ることはほとんどない。

なぜなら、チキンは予約分でほぼ完売し、店中がチキン作りで大わらわ。ほかの商品を作る余裕がほぼないからだ。同様に、モスチキンを販売するモスバーガーも、ケンタほどではないが配達依頼が少なくなる。

そこで私が狙いをつけたのが、鶏肉料理を使った居酒屋や唐揚げ専門店。普段は焼き鳥や手羽揚げ、唐揚げなどのテイクアウトを行っているこれらの店の多くは、クリスマスになると季節限定商品として骨つきのモモ焼きを販売し始めるのだ。

ケンタやモスバーガーで予約し忘れた人がウーバーイーツのアプリで検索して注文しているのだろう。24～25日の午後はチキンの注文がグッと増えるので、クリスマスの時期になると私はハンバーガーや牛丼チェーンではなく、鶏肉料理店にいそいそと向かうのだ。

時間帯で狙いを変える

クリスマスイブの15時から19時までの時間帯で狙いたいのは街の洋菓子店。ターゲットはクリスマスケーキ。洋菓子店は昔ながらの商店街の中や、住宅街の中に店を構えるところが意外と多いのだ。

このような場所には、住宅地に向かっている配達員しかいないため、競争率はグンとダウン。結果、自転車をダラダラとこいでいるだけでケーキの配達依頼が入ってくることがある。

BAD評価：注文者や飲食店が配達員を評価するシステム。

注意しなければならないのは、いつも以上に気を使って運ばなければならないこと。急いではいけない。前傾姿勢で自転車をこぐと、ケーキが斜めになって生クリームが箱にベッタリ付いたり、デコレーションされているサンタの人形やイチゴがズレてしまってケーキが台無しに。**BAD評価**を付けられかねない。

その代わり、丁寧に運ぶとGOOD評価がつけられやすいのもクリスマスケーキ配達の特徴だ。

今はチップ制度もできたので、赤い服を着て、インターホンを鳴らして注文者が出たときに「すみません。先ほど、サンタさまが『こちらに届けてほしいものがある』と荷物を預かったのですが」と言ったらチップをはずんでくれるのでは？　と企んでいる。

見た目が温厚に見えるかどうかはともかく、180センチ越えの私の体格が活かせる数少ないチャンスなのかもしれない。街中にサンタコスプレの配達員が増えたら、それはそれで素敵な光景のような気もする。

稼ぎどきだから、まだまだ働く。20時以降の狙い目は、高級な酒を扱っている酒屋さん。

バブルの頃のような高級ホテルでクリスマスを過ごすカップルは少なくなったようだが、夫婦水入らず、もしくはカップルがふたりきりでタワーマンションの一室で過ごすパターンが増えているようで、夜ともなると高そうなワインをマンションの高層階へと運ぶ依頼が増える。

銀座や有楽町には、高級なお酒を扱う店がいくつかあり、ウーバーイーツ対応店も多いので、クリスマスシーズンの深夜には、とりあえず銀座方面に向かうことが多い。

某月某日

配達員VS箱根駅伝、正月の攻防

私がよく配達している中央区近辺で一番注意しなければならないのは、新年一発目の国民的行事「箱根駅伝」だ。毎年1月2日に東京→箱根の往路、3日に復路が行われる。往路は東京・大手町の読売新聞社前を朝8時に一斉スタート。8時30分ぐらいには交通規

制も解除されるので配達に影響はない。

問題となるのは復路だ。合計10区間、217・1キロを2日かけて激走しているランナーたちは、鮭が生まれた川に遡上《そじょう》するように大手町に向かって一心不乱。道路脇には応援する人々が山のよう。1月3日は13時過ぎより銀座や日本橋を貫く中央通りなどで車両の通行規制が行われるのだ。

テレビで観戦している注文者たちは知る由もないが、ここを横断しなければいけないときのタイムロスは、配達員の稼ぎを直撃する。

まあ規制される時間は30分程度なのだが、正月は配達員が少なくなるため、所定の時間に決まった回数を運ぶと収入がアップする「クエスト」が発動しやすいのだから必死にもなる。

実際2018年、19年、20年の三が日には、10時30分から15時までの間に「クエスト」が発動し、ここぞとばかりに**配達に明け暮れた**。

平日のランチタイムのピークが11時〜13時なのに対して、休日は14時過ぎまで。13時台

！ **配達に明け暮れた**：2021年の大会はコース沿道での観戦自粛するよう、運営側から呼びかけられた。

に何回配達できるかがボーナス獲得のカギとなる。

この通行規制を避けようと、駅伝と関係のない六本木や渋谷エリアで配達していても、六本木の店で受け取った商品を新橋まで配達、といった〝箱根駅伝のコース横断〟案件が入ると、クエストのクリアが一気に難しくなり意気消沈。しかし、駅伝のルートを完全に避けるために、足立区や江戸川区で配達しようとすると、注文数が減ってしまう。

この日だけは、注文依頼を待っている間や信号待ちの間に自転車を止めてスマホをいじり、駅伝の状況を細かくチェックしている。

大事な料理を横取りされないように

やはり日本人は寿司が好きなのだろう。正月期間にグッと増えるのが寿司の注文だ。普段は回転寿司系の店からの配達依頼ばかりだが、正月は少し値段の張る店からの注文が激増する。

特に人気なのは、年始のまぐろの競りで有名な名物社長の「すしざんまい」チェーンのような、家族で行くと1万円程度で味わえる中級店。多い日には1日で7～8回運ぶこともあった。

配達員が店の周辺にたむろするほど注文の多いマクドナルドでも、私の場合は１日に４〜５回運ぶ程度なので、正月に寿司を運ぶ頻度はすごいものだ。

コロナの影響で、さまざまな飲食店がウーバーイーツによる配達を始めた。その中には銀座の個人経営の寿司屋もたくさんあるので、これからの正月は配達がさらに増えるかもしれない。

ここ数年の傾向として、正月休みにウーバーイーツを初めて利用するという人が増える。前にも書いたが、初心者が増えると、配達先をキチンと登録しないまま注文してしまう人も増える。

そして、注文者と10分以上連絡が取れないと、配達が自動キャンセルされ、配達員は商品を好きに処分していいというルールが発動する。

実を言うと、このルールによりおいしいお年玉をいただき、新年を生きる活力をもらったことがある。注文者は、配達員に食べられてしまわないよう注意してほしい。

某月某日

ハイブリッド配達員の確定申告

大事！

私のようなフリーライターは自営業になるので、ライター業やウーバーイーツの収入が年間38万円を超えれば、確定申告が必要だ。

一般の会社員なら、副業で20万円以上の収入があれば確定申告をしなければいけない。この副業収入には、株の儲けや、転売などの稼ぎも含まれる。

私は19歳で仕事を始めてからずっと、確定申告を欠かしたことはない。しかし、ウーバーイーツを始めて初となる２０１８年度の確定申告は苦労した。

運営側から配達員へ「税金の支払いは義務なので、必ず確定申告をしましょう」という内容の一斉メールが届いたが、申告方法のアドバイスは一切なし。税務ソフトを作っているメーカーへのリンクが貼られているだけだった。

当時、配達で得た収入はシティバンクのダブリン支店から送金されていたが、支払調書のような書類はない。海外からの送金がある場合はどうすればいいのかなど、疑問点が山積だった。

仕方がないので申告期間中は税務署に設置される「相談コーナー」で相談してみることに。当時は、ウーバーイーツというものは世間にまったく認知されておらず、相談に乗ってくれた方も、どんな仕事なのかよく理解していない。とりあえず「配達員はそれぞれ自営業者で、配達の業務を請け負っている形です」と説明する。

すると「収入を証明する書類は？」と相談員。アプリの画面を見せて「ここに収入金額が書いてあるのですが」と私。「収入を証明するものはこの画面だけですか？」と相談員がつづけるが、そのとき、ふと思い出したのが銀行から自宅へ送られてきた海外からの入金通知。一応何かあったときのために保管しておいたので、その旨を伝えると、「とりあえず、支払調書などを貼り付ける所にそれを付けておいて」と言われた。

私は、ライターであり、ウーバーイーツの配達エピソードをネタに使っている。相談コーナーでそう話して、ウーバーイーツの収入が収入のうちの何に該当するかを確認すると、

「事業収入」の「営業等」に当たるという。

ライターの収入とウーバーイーツで稼いだ合計額を、そこへ記入するようにということだった。収支内訳書にもウーバーイーツの収入額を記載。海外からの入金通知をすべて添付することで、その年の確定申告を終えることができた。

翌2019年度の確定申告では、新たな問題が発生した。前回提出した海外からの入金通知が、銀行の都合で送られて来なかったのだ。

通帳のコピーを貼って提出するべきなのだろうか。またしても相談コーナーで確認をしてみた。前年と違って、認知度が上がりつつあったウーバーイーツ。確定申告の相談でやって来る配達員も多いようで、相談コーナーのスタッフの方も前年のような「とりあえず」とか「一応」という表現を使わずに対応してくれた。

その回答に従い、配達員アプリの1週間の収入を確認できる画面のスクリーンショットを1年分撮影し、そのデータをプリントアウトしたものを、入金通知書類の代わりに申告書に貼り付けた。

ウーバーイーツの確定申告をやるようになって感じたのが、レシートや明細書の大切さだ。長年フリーライターの仕事をしており、このようなものを保管しておくクセをつけていたため、シェアサイクルの代金や、配達員として働いている時間内にコンビニで購入した飲み物代を経費に入れることができた。レシートを捨ててしまったり、自販機で飲み物を購入したりすると、経費として認められない可能性がある。

昨今は、コロナの関係で自宅から申告ができるｅ－ｔａｘ（電子申告）や、郵送による申告が推奨されているが、まずは一度、相談コーナーへ行って、申告のやり方に慣れたら、以降はｅ－ｔａｘや郵送でも問題ないと思う。

ある朝目覚めたら税務署の人たちが税務調査に来ていた……しがないライター兼配達員である私に限ってそんなことは絶対にないと思うが（笑）。まあ確定申告は毎年しっかりやるしかない。

２０２０年度の申告もスムーズにいくだろう。

第2章

ウーバーイーツ配達員の多難な日々

サイテー過ぎるチップの思い出

らしい：ウーバーイーツで注文したことがないので、注文用アプリについては詳しく知らない。

某月某日

2020年5月、ウーバーイーツ配達員を震撼せしめる出来事が起こった。なんと！　配達員に対するチップ制度が導入されたのだ。配達料確認画面に「✓」マークが表示されると、「チップ●●円を含む」報酬となり、テンションが爆上がりする。

チップは注文金額の5%～20%、もしくは任意の金額を、注文者が配達員に直接支払うことができるシステムで、1円から、上限は注文金額の2倍となっている**らしい**。

私の経験上、チップをもらえる確率は10%程度。金額は100円前後といったところだろうか。朝から夜まで配達していると1～2回、多いときで3回ほどもらえるという感じだ。金額でいうと丸1日働いた場合、配達による収入が1万円前後で、チップは300円程度といったところだろうか。

「１日働いて３００円では、チップをもらったところで意味がないのでは？」と思う人もいるかもしれない。だが、実際に自転車で走りまくっていると、仕事に対する励みになる。

私が普段配達している港区や中央区には、比較的裕福な外国人が多く暮らしている。チップ文化になじんでいるので、デリバリーした際にチップをもらえる可能性が非常に高い、というか、これを当然のことだととらえているようだ。

海外ではチップの相場は10～20％と聞いたこともあるが、それ以下でももらえるだけでありがたいし、その気持ちが嬉しい。配達料だけでは稼ぎが物足りないなと思っているときにチップが加わると、いい感じの収入になる。はたから見ると「たったの１００円」だが、配達員が感じている「ちょっとした収入への不満」をチップは埋めてくれるのだ。

ちなみに、第1章で触れたフーターズの食べ物を注文する高層ビルの最上階に住む外国人も、当然のようにチップをくれた。店で料理ができるまでの間、店内にいるパッツンパッツンで胸の谷間が強調されたユニフォームを着た店員さんをガン見できた上にチップまでもらえるとは。あの人は私にとって神に近い存在だ。

闇夜に響く嘲笑の声……

個人の感想になるが、地方に出張して配達したときも県民性を感じることがあった。まずは沖縄で配達したときのこと。先ほど書いた通り、東京でチップをもらえる確率は10%程度なのだが、先日那覇市内で配達したときはその確率が3回に1回だったように思う。アメリカ人との交流も多く、チップを支払う習慣のある人と接する機会が多いからなのだろうか？　配達後、画面を確認したら「✓」マークがたくさん付いていてビックリした。

一方でチップがまったくいただけなかったのが名古屋での配達。早朝から深夜まで配達して、1回もチップをもらえなかった。

その後、金沢でも配達してみたところ、金沢では22回配達して2回チップをもらえたので、名古屋のしかも中心部で18回配達して0回というのは特筆すべき数字かと。「名古屋人はケチ」と言われることがあるが、その説は正しいかもしれない。

いろんな街で丸1日配達して、都市別の「チップをもらえる率」を算出したら、県民性が出て面白そうだ。

腹が立ったチップの話もある。40代半ばのおっさんの私だが、飲食店の混雑などの理由で配達に時間がかかる場合、「料理ができるのに時間がかかりそうです」とか「料理を受け取ったら出発前に一度ご連絡差し上げます」といったメールを送ることで、お腹を空かせた注文者にストレスをなるべくかけないような心遣いをしている。その結果、チップをもらえたら光栄なことだし、チップ文化が浸透していない日本では、ないのが当たり前のことなのでもらえなくても、特に何も思うことはない。

そんな私がイラッとしたのは、深夜0時過ぎに配達に行ったときのこと。唐揚げ弁当を受け取って配達先を確認すると、そこは某大学の学生寮。指定された場所がわからず、周辺をウロウロしていると「おっさ～ん！　こっち、こっち！」という声と、周りからさげすむような笑い声が。

どうやら、注文者用のアプリに表示された中年男の写真と、配達員の現在位置表示機能を見ながら「中年の冴えないおじさんが深夜に大学生のパシリをしている」という構図を楽しんでいる様子だ。感情を殺して配達先へ行くと「写真と同じおっさんが来た！」

と注文者の大学生とその仲間たちがケタケタと大爆笑し、片手で弁当をパッと受け取った。怒りを噛み殺し配達を終え自宅に戻り詳細画面を確認すると、アプリ上には「✓」のマークとともに、「チップ1円を含む」という文字が……。

励みになる100円。渡すことで相手から怒りを買う1円。

お金には使う人のセンスが出るものなのだ、と自分を納得させることで精いっぱいのおっさんだ。

某月某日

本当にあった怖～い話

ワワワァ…

ある春の日。お昼過ぎから10時間以上自転車をこぎつづけ、気がついたら深夜0時。疲労もピークに達し、そろそろ終わりにしようかなとアプリの電源を消そうとした瞬間、手にしたスマホが突然ブルッと震える。確認してみると、某定食屋の料理を運ぶようウーバーからの指令だった。

この定食屋は、牛丼チェーンやハンバーガーショップしか開いていないような深夜帯にも営業しているので人気が高いのだが、下町にあるため受け取りに行くのが大変なのだ。幅が狭い細い路地が入り組んだ先に行くのは至難の業。出会い頭に歩行者や他の自転車とぶつかる危険があるし、深夜なので道路の段差もよく見えない。

さらに、このエリアには墓地が多く、東京都内なのに夜になると信じられないほど辺りは静か。

定食屋で料理を受け取り、配達員用のアプリを操作すると、配達先の地図は墓地の近所を指している。まぁ近場ではあるので、スピードを落としつつ暗い路地をソロリソロリと通り抜ける。

料理を運ぶこと15分。ようやくたどりついたのは3階建ての共同住宅。エントランスに入ると、そこには……省エネのためか、照明がすべて消された真っ暗なカイダンが……。

キャーーーーーーッ！

昼から10時間以上自転車をこぎっぱなしで足がガクガク。体重１００キロ近い私にとって、階段を登るという行為がとてもリスキーな時間帯。そんな中、初めて行く建物で遭遇した真っ暗な階段。商品を届ける際はもちろん、帰りに1階まで降りる際も、踏み外して転んでしまうのではとドキドキしっぱなしだった。

エントランスの貼り紙に冷や汗

さて、〝怪談〟めかした〝階段〟の話はその辺にして……。

こちらは夏の21時を過ぎた頃の話。改装工事中のマンションの一室に配達に行った。通路の壁には傷が付かないよう、ビニールやプラスチックのボードで養生がされている。配達先の部屋は4階。エレベーターはないものの、この日は配達を夕方から始めたので足がガクガクする心配もない。なにぶん通路は狭く、お腹やリュックが少し擦れはしたものの、スムーズに目的の部屋へ。

インド料理屋のカレーとタンドリーチキンのセットを渡して階段を降り、自転車に乗ったところで次の配達の指示が入る。

近所の店でタイミングよく受け取った牛丼をリュックに入れようとした瞬間、冷たい何かが手をべっとりと汚します。右手はすでに真っ赤。「ひゃあ!」っと尻餅をつきそうになった。でも私自身、痛いところはどこもない。

冷静に考えてみると、ひとつ前に配達したマンションの外装工事で使われていたペンキがリュックにベットリと付いていたのだ。

自分が使っているリュックが黒いものだったのと、事件が起こったのが夜だったので大きな問題はなかったが、もし警察の人に見とがめられていたとしたら、トラウマになりかねない職務質問をされたに違いない。

次こそは本当に怖い話を。

ランチタイムの配達ラッシュが落ち着き始めた8月頭の14時過ぎ。つけ麺屋の商品をあるマンションへと配達したときのことだ。

この日は夕方から雨の予報だったので、これが終わったら帰ろうかと思いつつ入り口に到着した。

15階建てぐらいのマンションのエントランスを通り、エレベーターホールへ。そこで私が見たものは……。

「エレベーター点検中」

嫌な予感がして、エントランスへ戻り、住民への掲示板を見ると……。

「8月●日、午後2時〜4時、点検のためエレベーターは使えません。階段をご利用ください」

そして、配達先の部屋番号をスマホで確認する。書かれていた数字は……。

「1303」

「キャー!!!」

いやぁ〜。猛暑日だというのに、どんな怖い話を聞いたときよりも震えた。ここで体力をすべて持っていかれた私は、この日は滝のように流れる汗と疲労によってノックダウンされたことは言うまでもない。

ちなみに、ウーバーイーツからもらえるお金は「基本料金+距離料金」で計算され、距離料金は地図上の移動距離（横の移動）を元に計算される。

つまり、いくら縦の移動をしたとしても、まったく動いていないという扱いをされるので、あれだけ頑張ったのに433円しかもらえなかった。

恨み節

某月某日

ボーナスクエストの落とし穴

ときに刺激的な経験ができるウーバーイーツだが、そんな届け先に当たる確率は低く、週5日、朝8時から深夜まで配達していると、単調な労働に苦痛を感じ、仕事に飽きてしまうのも事実。

そんなとき、配達員のモチベーションを上げる要素となっているのが、ウーバーイーツの運営側が用意している「クエスト」制度。

現在は、月曜日から木曜日までの間に行われる「平日クエスト」、金曜日から日曜日までの間に行われる「週末クエスト」、雨の日や注文が集中すると予想される日などに3〜4時間限定で行われる「緊急クエスト」の3種類がある。なお、各クエストの命名は私であり、正式なものではない（笑）。

クエストの内容、ハードルの高さはさまざまで、自分で選択することが可能。予定が

クエストを決める：選ぶ際に重要なのは週間天気予報のチェック。自転車の場合、雨風の強い日に配達をすると事故につながる。

入っていて忙しければ「25回配達で1820円をもらえるクエスト」を、逆にヒマだったら「70回配達で9490円をもらえるクエスト」を選択と、その週の予定に応じて前日までに**クエストを決める**のだ。

この「自分で決める」ことや、選んだ回数によっては1万円以上のボーナスがもらえることが、モチベーションになる。

以前、本業のライターの取材が続々キャンセルとなり、月曜日から木曜日まで予定が丸々空いてしまったときのことだ。100回配達で1万4000円ほど、90回配達で1万1000円ほどがもらえるクエストを選び「今週は週末もヒマだから、1週間で10万稼ごう！」と息巻いて配達を始めた。

月曜日は35回配達、火曜日は38回配達と順調に配達できたのだが、水曜日は朝から雨。自転車で配達するのは危険だし、「あと27回配達で1万4000円。月曜日と火曜日の配達回数を考えたら休んでも大丈夫」と思い、この日は休みにした。

そしてクエスト最終日の木曜日。朝、窓を開けると雨が。予報ではこのあと回復するというので自宅で待機していたものの、一向にやむ気配がない。なんとか雨足が落ち着いたのは、昼配達のピークが終わった14時過ぎ……。

「100回1万4000円のボーナスは無理でも、90回1万1000円は達成できるだろう」と息を吐き都内を自転車で徘徊するも、思ったより依頼が入らない。気がつけばすでに深夜0時。月曜日からここまでの配達回数は88回。東京都心部のウーバーイーツのサービス時間は深夜1時まで。あと2回運べばボーナスゲットというところだが、ここで配達依頼がピタリと止まった。

3日間の努力を無駄にすまいと、深夜の注文が多い六本木方面に向かうも、アプリはうんともすんともいわない。そして周りを見ると、たくさんの配達員の姿が……。もう少しでボーナス達成という配達員が、六本木に集まり過ぎているのだろう。悲しいかな、40超えのおじさんがパパッと注文を取れるはずがないのだ。

仕方なく広尾・恵比寿方面に向かってしばらくすると、なんと！　配達依頼が！

「これでボーナスが達成できる！」と急いでスマホの画面を覗くと、受け取りに行く店の場所は、自転車で20分はかかる目黒区内。「急いで行って、店から近い配達先ならチャンスはある」と信じて必死にダッシュ。配達先を見ると、指示された場所は店から20分はかかるお宅という、あまりにも無慈悲な結末。

配達が完了したのは深夜の1時30分。もちろんボーナスポイントは〝ゼロ〟。目黒区から東京都の東部にある自宅へと自転車で戻る途中で雨が降り、ずぶ濡れになりながら帰る道中の惨めさったらないのだ。

80回のボーナスを選択していたら9000円もらえたのに……。

〝タダ飯〟のタイムリミットは10分

一方、「10分タイマー」というのも配達員にとっては、やる気の上がるシステムだ。ウーバーイーツは食べ物を配達するサービス。そのため宅配便のように、不在だった場合に数時間後に再配達というわけにはいかない。

そこで、配達先の家のインターホンを鳴らして不在の場合、配達員は専用アプリを通して注文者に電話をかけることができる。

ここでつながらなかった場合、つながらなかった旨を運営側に報告すると、運営側が注文者にメールや電話を入れる。それでも注文者とつながらない場合、注文者の都合によるキャンセルとなり、運んできた食べ物は配達員が処分、つまり食べてもOKということになる。

この食事代は、注文者のクレジットカードから引き落とされ、配達員は配達料も受け取ることができる。キャンセルが確定するのは、配達員が連絡を取れない旨を運営側に伝えてから10分後。ということで、私は「10分タイマー」と呼んでいる。

不在の際のルールを作らないと、トラブルが起こるだろうということで作られた規則だと思われるのだが、配達員にとってはタダ飯が食べられる大チャンス。インターホンを鳴らしても注文者が出ず、電話がつながらなかったときはテンションが上がる。

とはいえ、空腹時に注文するのがウーバーイーツ。運営側に連絡したところで、9割以上の確率で注文者から電話がかかってくるので、タダ飯にありつけることは滅多にない。またコロナ対策の「置き配」のサービスができてからというもの、タダ飯をゲットできる可能性はますます低くなっている。

そんな中、先日、久しぶりにタダ飯をいただくことができた。都内にある高級ハンバーガーショップに受け取りに行ったのは1個3500円のブランド牛100%のハンバーガー。

「注文者に直接商品を渡す」という指示を確認後、配達先へ。しかし、インターホンを押すも応答なし。電話をしてもつながらず。運営側に連絡をして待つこと10分、配達員用のアプリに「配達を終了してOKです」という画面を確認した。

3500円のハンバーガーなんて食べたことがないので、大喜びで近所の公園へ行き、ハンバーガーを食べたいところだが、この日はガックリ肩を落としながら次の配達依頼を受けた。

なぜならこの配達の直前、空腹に耐えられずマクドナルドでハンバーガーを食べたばかりだったのだ。

どうして私はこうも間が悪いのだろう。

私はその後、ハンバーガーをリュックに入れたまま6時間ほど配達。家に戻ってハンバーガーの入った箱を開けると、そこには肉汁がパンに染み込んで、ビシャビシャになった残念な高級ハンバーガーの残骸があった。

タワマン迷路の恐怖体験

某月某日

滝汗

電動アシスト付きのシェアサイクルを使っている私は、東京都の東側、中央区や江東区あたりを中心に配達している。このエリアは、平坦で坂道があまりないのが特徴で、新宿・渋谷・六本木といった繁華街と比べると、自転車のバッテリーの〝持ち〟がいいのが魅力。

さらに埋立地エリアは、広い土地が確保しやすいからか、シェアサイクルの貸し出しポイントが多く、自転車も大量に置いてあるので、バッテリー残量の多い自転車が確保しやすい。そんなわけで、このふたつの区を中心にウロウロしている。

このあたりは最近、住宅地としても人気で、湾岸エリアに巨大なタワーマンションが建設されたり、路地が入り組む下町を区画整理して、オシャレなマンションが建てられることもしばしば。

しかし、このマンションの「オシャレ」の裏には、われわれ配達員を悩ますトラップが

あふれているのだ。

オーソドックスかつ一番危険なのが、1階のエントランスで見かける2〜3段の階段。建築の知識がまったくない私からしたら、「どうしてこんなところに段差が！」と、イラッとくるやつだ。そもそもバリアフリーの観点から見ても、おかしいと思う。

しかも、こういうちょっとした段差のあるマンションに限って、照明が薄暗かったり、床に使用されている石が黒くて足元が見えにくかったり、ツルツルで滑りやすかったりと危険がいっぱい。昼間の配達ならまだしも、夜の配達での段差は、配達員殺しのトラップと言っても過言ではない。


宅配便の配達員は、担当エリアが決まっているので「このマンションには、段差があるから注意しないと」と意識できるが、毎回どこへ配達するのかわからないウーバーイーツの配達員は注意しようがない。

段差トラップにつまずいて、品物を何度こぼしそうになったことか……。

VIP感を強調したマンションも恐ろしい。タワーマンションには低層階（1〜20階ぐらい）用のエレベーターと、高層階（21階以上）用のエレベーターが分かれているところが多く、私はエントランスに入ってから配達先を確認して、低層階用と高層階用を乗り分けている。

ところが、ごくまれにだが、低層階用のエントランスと高層階用のエントランスが完全に分離されているマンションがあるのだ。

芸能人・著名人が住んでいるのだろうか、こういったマンションの高層階用のエントランスは、ちょっとした隠れ家みたいな感じになっていて、入り口を探し当てるだけで一苦労。建物の周りをぐるりと1周しても入り口が見当たらず、地下駐車場へ通じる道の脇を入ったところにエントランスがあった某マンションは、入り口にたどりつくまでに10分以上かかった。

ゲームに出てくるようなタワマンで迷子に……

オシャレを通り越して、RPGのダンジョンのようになっていたマンションは、ある意味恐怖ですらあった。10階建ての塔のような建物が6つ並ぶ某マンションのエントランスに入り、案内板を見ると、6つの塔のうちふたつにしかエレベーターが設置されていないことが書かれている。

「は？　10階建てなのに？　どういうこと？」と配達先を確認すると、配達すべき部屋のある塔にはエレベーターが当然のようにないわけだ。ここらへんで脇をツーッと汗が流れる。もしかしてまた階段かと……。

高級マンションに限って階段しかない、なんてことはないが、ややこしいのはここからだ。中庭のような場所に行き、上を見ると、上空に塔と塔を結ぶ橋がかかっているではないか。どうやらエレベーターである程度上がってから、橋を渡って隣の塔へ移り、そこから階段で目的の部屋へと向かう構造らしいのだ。

ふと疑問に思ったのだが、こんなに不便なマンションに住みたい人っているんだろうか？大災害が来たら一体どうやって逃げるのだろうか。

なんとか状況を飲み込んで、エレベーターに向かうと、そこにあったのはエレベーターの扉と、コンクリート打ちっぱなしの壁。そして薄暗い照明。早く届けないといけないので、エレベーターに乗りたいのに「▲」や「▼」のボタンが見当たらない……。

老眼が進む目を細めてよーく見てみると、カメレオンが自分の皮膚の色を周囲に合わせるかのように、壁と一体化したエレベーターのボタンを発見した。時計を見ると、マンションについてからもう7〜8分が経過している。急がねば、注文者から催促があるかもしれない。

焦った私は、配達先の階のボタンを押して向かうが、その階には橋がかかっていない。別の階へ行くと、今度は橋があるものの、配達先の部屋がある塔へと向かう橋がない。

そんなことを繰り返し「中学生のときに、ドラクエIIのダンジョンで迷って途方に暮れたことがあったけど、リアルの世界でドラクエと同じ経験をするとは……」と肩を落としていると、「迷っていますよね。すみません。1階まで取りに行きます」と注文者から電話が。

優しい注文者に救われた。

住んでいる人は、毎日出入りしているので慣れていると思うが、配達員にとっては、オシャレなマンションは迷路のよう。注文の際に、注意事項として、攻略の難しいダンジョン部屋までのルートを書き込んでもらえるとありがたい。

某月某日

ウーバーイーツの注文が届かない問題物件

神隠し！

先日、ライター仲間のAさんと仕事の打ち合わせをしているときにこんな相談を受けた。

「ウーバーイーツの『置き配サービス』をよく使っているんだけど、配達員から『配達完了した！』という連絡があったあとに玄関のドアを開けても、注文したものがないことがあるんだよ。しかも1回だけじゃなくて何回も……」

私がウーバーイーツの配達員であることを知っているAさんからの相談なのでなるべく力になりたいのだが、話からだけでは配達ミスの原因がどこにあるのかわからない。その場は適当に話を流し、たまたまAさんの家の近所まで配達したある日、彼の家の周りを見てみることにした。

アパートの前に行き、建物の脇にある番地が記されたプレートを確認。そして改めて建物周辺を見渡すと……。

なんと、彼が住んでいるアパートには「●●コーポ」、そして隣に建っているアパートにも「●●コーポ」と同じ名前が書かれている。隣のアパートは「ポ」の隣に、目立たない大きさで「II」と記されていた。

大地主が1区画の土地にアパートを2棟建てたのだろう。ふたつのアパートの住所はまったく同じで外観もまったく同じ。しかも、アパートの壁に書かれた建物の名前の所には灯りがうっすらと照らされている程度。

エリア担当制の宅配便のスタッフや、郵便局の配達員だったらこういった所でもスムーズに配達できるかもしれないが、基本的に毎回初めての場所へ配達し、配達件数が自分の実入りに直結するウーバーイーツの配達員にこの違いを見分けるのは無理。商品が届かないという配達事故が起きても仕方がない。

私はすぐにAさんに連絡。「アプリの『配送の際の注意点』を記入する欄に『同じ名前のアパートが2棟並んでいるので、道路から見て右側のアパートへお願いします』と書いた方がいいよ」とアドバイスした。

以降、配達のトラブルはなくなったそうだ。「●●コーポⅡ」のAさんと同じ部屋番号に住んでいる人も「注文していない食べ物が届く」という謎の現象から解放されて喜んでいるだろう。

配達事故の起こりやすい物件は、まだまだある。

先日、都内の某マンションへ配達したときのこと。配達先の住所を確認すると「東京都××区××●丁目●―●　旧・山田マンション」と書かれていた（もちろん、マンション名は仮）。で、アプリに表示された配達先へ行くと、マンションがふたつ建っていた。

まずは番地を確認しようと思ったのだが、プレートがどうにも見当たらない。これ、配達員あるあるのひとつだが、なんとかならないんだろうか。しょうがないのでふたつのマンションの名前を見ると、「é」や「ü」といった英語のアルファベットに出てこない文字の混じった単語が流麗なフォントで書かれている。オシャレアレルギーの私はたちまちパニック寸前だ。

しょうがないので、最後の手段として注文者に電話で連絡すると「すみません」と、申し訳なさそうな声で事情を語ってくれた。

「この2～3年でうちの近所にオシャレなマンションがいろいろ建ち始めて、このマンションのオーナーが『このままでは入居者が減ってしまう』と危機感をもったのでしょう。去年大掛かりな外装工事をしてきれいなマンションに生まれ変わったんです。そのときに『山田マンション』では魅力に欠けると思ったのか、スペイン語の名前に変更して。読み方は一度聞いたんだがすぐに忘れてしまい、フリガナが振ってないので読めないし、スマホで入力する方法もわからないし……なんかすみません」

解決できるかどうかはわからないが、とりあえず「マンションの入り口の写真を撮影しておいて、配達員が近所まで来たら写真を送信して『こんな入り口のマンションです』と送信したらいかがでしょうか？」とアドバイスを送った。

高級マンションのエレベーターにも弊害が

一方、ソーシャルディスタンスが原因で問題物件になったところもある。

ある程度のグレードのマンションの多くは、入り口の自動ドアの脇にインターホンが設置されている。ここで注文者の部屋番号を押して「ウーバーイーツの配達です」と伝えると、注文者が解錠ボタンを押して自動ドアが開き、配達員はマンションに入ることができる。

そこからエレベーターに乗って注文者の住むフロアへ行き、ドアの所で再びインターホンを鳴らして商品を渡す、もしくはドアの前に商品を置いて立ち去るというのが、基本の配達パターンとなる。

しかし、意地の悪い見方をすると、このシステムの場合、1階にあるドアが開きさえすればマンション内のどの部屋にも行くことができてしまう。宅配便で配達に来た人と同じタイミングでマンションの中へ入ることも可能だ。

どさくさにまぎれて不審者がマンションに入ってくるかもしれない。そんな不安を解消するためなのか、1階の自動ドアとエレベーターが連動しているマンションが最近増えている。

これは1階の自動ドアで「902」の部屋番号を押してドアを開けてもらった場合、エレベーターでは9階のボタン以外押せない、といった画期的なシステムで、10階建て以上の高層のマンションでよく見かける。

安全面を考えたら素晴らしいものだが、このシステムには大きな欠陥がある。例えば902号室の注文者に1階の自動ドアを開けてもらった場合、エレベーターホールに到着して、最初にやって来たエレベーターに乗らないと9階のボタンを押せないのだ。

2019年までは特に大きな問題ではなかったのだが、今はソーシャルディスタンスを意識する時代。マンション用の小さなエレベーターの場合2~3人乗ったら「次に来るのに乗るので行っちゃってください」というのがマナーとなっている。ましてや私は配達員。居住者の間に割って入ってエレベーターに乗り込むわけにはいかない。

となると結論はひとつ。再び1階の自動ドアの所へ行き、インターホンを押して「エレベーターに他の人が乗られていたので、もう一度解錠をしてください」とお願いしなければならないのだ。このお願いを3回繰り返してから届けたときは、注文者がこちらを睨みつけていた。

このような配達員にとっての問題物件は、注文者にとってもデリバリーで時間がかかってしまう使い勝手の悪い物件だと思う。新居を決めるときは間取りや収納、水回りの確認も大事だが、配達員の視点も入れてみるといい。

おい！

ブチ切れしそうになった大量配達案件

某月某日

ウーバーイーツの配達員をしていると「なんで、あんなに大きなリュックを背負っているの?」という質問をよく受ける。私が主に配達を行っている東京23区内の依頼の多くは、ひとり暮らしの注文者から。確かにひとり分の食べ物を運ぶのには大き過ぎる。

以前、家族5～6人分の中華料理を運んだことがあるが、すべての商品を入れても、リュックの半分も埋まらなかった。

ところが長く配達をしていると、とんでもない量を運ぶことがある。

最初に隙間なく埋まったのは、2018年2月。昼休みで混み合う牛丼屋に行き「ウー

一番大きなサイズ：吉野家の牛丼弁当（並）と味噌汁を16セット入れると一杯になるサイズ。

バーイーツの配達で参りました」と伝えると、店員さんが持ってきたのは、店のロゴが印刷された特大サイズの袋だった。

ＩＫＥＡの青いバッグと同じぐらいのサイズと言えばおおよその大きさが想像できるだろうか。その袋に牛丼弁当がビッチリ詰め込まれていた。

しかも2袋。

私が持っているのは、配達員が使用するリュックの中でも**一番大きなサイズ**のものだが、渡された袋ごと商品を入れようとしても収納できない。仕方がないので袋から弁当、味噌汁、お新香を取り出し、隙間なく詰めていくと、なんとか収めることができた。

とはいえ、まだ配達の準備ができただけに過ぎない。配達先を確認し、リュックを持ち上げると、想像を大きく上回る重さだ。

なんとか背負うものの、リュックのバンドが重みで両肩をギュウギュウと締め上げ、集中を切らすとバランスを崩してヨロッとしそうな状況だった。

幸い、配達先が近かったので自転車を押しながら配達先まで行き、商品を無事届けることができ、味噌汁もこぼさずに済んだが、あれが数キロ先の配達先で自転車に乗らなければならなかったら、と考えるだけで……ゾッとする。

聖夜に届ける大量のチキン

リュックが再び埋まったのは２０１９年のクリスマス。配達員用のアプリに指示された鶏料理の店に行き自動ドアを開けると、視界に飛び込んできたのはカウンターにうず高く積まれたローストチキンの山！

カウンターの奥にいる店員さんの姿が見えないほどのチキンの山を見て「運べるのか？」と不安になったが、カウンターの中から出てきた店員さんが「こちらをお願いします」と指示したのは、その山の隣にある小さな山。

ホッとしたものの、渡されたのはチキン50本。牛丼屋のときほどではなかったがなかなかの量だった。

ローストチキンが大量に入ったリュックの中は圧巻の光景で、漂う油の香りで胃もたれしそうになったのは言うまでもない。

ちなみに、大きい方のチキンの山を運んだのは、同業の出前館の配達員さん。店の前で

スマホを操作している男性に声をかけると「ひとりで150本は運べないから、応援を呼んでいるんです」と大焦り。150本もローストチキンが必要なクリスマスパーティー会場って一体どこなのだろう？

さらに2020年2月の大量配達も肝を冷やした。

オフィス街の中にある某有名カフェチェーンへ商品を受け取りに行くと「ちょっと量が多いので気をつけてくださいね」と、例のソバージュの人物が描かれた大きな紙袋5袋が渡された。

量や重さは、牛丼やチキンと比べると大したものではないのだが、5袋のうち3袋が温かい飲み物で、1袋が冷たい飲み物、残りの1袋が上にクリームがのっている飲料と、無駄にバラエティー豊か。

温かいものと冷たいものを分けて入れなければいけないし、クリーム系は、カップの上の部分にドーム状のキャップがかぶせられていて、上に大きな穴が開いている。

袋ごとリュックに入れることはできないし、リュックの中にある間仕切りを利用して下段に冷たいもの、上段に温かいものを配置すると、クリームがのったやつと普通のドリンクのカップの高さが異なり不安定となってしまう。

かといって、温かいものを下段に配置すると、熱で冷たいものがぬるくなってしまう。

あれやこれや考えた結果、季節は真冬。気温は10度以下と寒い日だったので、温かいものだけリュックに入れ、冷たいものは紙袋のまま自転車の前カゴに入れて配達することにした。リュックの中、そして前カゴに入れた商品がこぼれないか、特に段差を通るときに神経を使いつつ慎重な運転を心がける。なんとか目的地にたどりつき、ビルの1階からエレベーターで配達するフロアへ。受付で担当者に連絡しようとすると「こっちこっち」と呼ぶ声が。その声の主は、1階からエレベーターに一緒に乗っていた人だった。

商品を渡すと「なんでリュックに入れないで持ってくるの？　ぬるくなるよね？」と言う注文者。私の苦悩など知る由もないのだろう。

考えなしに配達しているわけではないことはわかってほしいが、配達後にもらった評価はＢＡＤだったことは言うまでもない……。

某月某日

客の気分次第でレッドカード？

理不尽

ウーバーイーツには、注文者や飲食店が配達員を評価するなんとも不思議なシステムがある。私たち配達員は、空いている時間を使って、運ばれるのを待つ料理とお腹を空かせた注文者をつなぐパートナーのはずなのだが、評価される立場にあるのは微妙な気分だ。

下された評価は、配達員側に「あなたの直近１００件の満足度は、ＧＯＯＤ 99％、ＢＡＤ １％です」と通知されるのだ。このＧＯＯＤの数値が急激に下がると、運営側からすかさず警告が入る。実際に配達の仕事ができなくなるかどうかはわからないが、このまま評価が下がると配達ができなくなるのでは、というプレッシャーがかかり焦ってしまう。

また、ＢＡＤ評価が付けられると、その理由が画面に表示される。

「商品が破損していた」、「配達に時間がかかり過ぎた」という理由に関しては、そう評価されるのも致し方ないと思うことが多いのだが、「顧客から見たプロ意識の問題」という理由に関しては、思うところがある。

コロナの影響もあり、最近ではドアの前に商品を置いて配達完了のメールを注文者に送信して終了という「置き配」が主流となっている。そんな配達をしていたある日のこと、いつものようにドアの前に商品を置いて注文者にメールを送り現場を立ち去ったところ、「プロ意識の問題」が理由でＢＡＤ評価を受けた。

この日は最高気温が10度を下回る、都内としては寒い1日。注文者はドアの前に料理を置いたという配達完了メールに気づかなかったのだろう。ドアの前に置かれた冷えた弁当を受け取り、「プロなんだから、到着したことをハッキリ伝えろ！」とどうやら感じたようだ。そんなわけで、この通知があってからはドアの前に置いたらインターホンを鳴らして立ち去るようにした。

その2時間後、牛丼をドアの前に置いてからインターホンを鳴らして立ち去ろうとすると、部屋の中からけたたましい小型犬の鳴き声が……。気まずさを感じつつもその場を立ち去ってから、しばらくして配達員用のアプリを確認すると「プロ意識の問題」が理由でＢＡＤ評価が下されていた。

同じ日に2回もＢＡＤ評価をくらうことはそうそうあることではない。ボーッとその画面を見ていたら、どこかで聞いた「スーパーのレジ打ちあるある」を思い出した。

エコバッグに商品を入れる際、２Ｌのペットボトルを横にして入れたら「そんな入れ方をしたら量が入らないだろ。ペットボトルは縦に入れるのが常識。それでもプロか？」と怒られる若い男性店員。

一方、縦にしてバッグに入れると「縦に入れてペットボトルが倒れてほかに買ったものをつぶしてしまったらどうする！　横に入れるのが常識なんだよ。それでもプロか？」と怒られていた若い学生の店員さん。

社会の不寛容、理不尽には慣れているつもりだが、タイミング次第ではズシリと精神にくるもの。レジ打ちの人とは一度プロの仕事について語り合いたい。

プロではないのに求められるプロ意識

もう10年以上前に『人は見た目が9割』という本がベストセラーとなったが、２０２０年の夏にはまさにその通りの体験をしたこともある。

日没後とはいえ気温が30度を超える中で自転車をこいでいると、着ているものはすべて汗でビシャビシャになる。キンキンに冷やした保冷剤を首に当てたり、自販機で冷たい缶ジュースを買って脇にはさんでみたり、制汗スプレーを使ったりするのだが、流れる汗を止めることはできない。

そんな中、リュックの中にホッケ定食を入れて向かったのは下町エリアの5階建ての集合住宅。エレベーターがなかったので、えっちらおっちら階段を上って部屋の前に到着。

「置き配」の指定ではなかったので、ドアの前に到着してから持っていたフェイスタオルで手と顔の汗を拭いてからインターホンを鳴らすと、出てきたのは20代と思われる男性。私の姿を見た瞬間、露骨に嫌そうな表情をしたかと思うと、奪うように商品を受け取り、急いでドアを閉めた。

しばらくしてからアプリを見ると、プロ意識に問題があるとの指摘が……。

どう配達すればいいのかと、嘆きたくなることもあるが、いまやアラフィフにも届きそうなおっさんの悩みなど、誰も聞きたくはないもの。

ＢＡＤ評価をくらっても稼げる額は変わらないのだと自分に言い聞かせ、仕方なく配達をつづけるしかないのが現状だ。

ちなみに「プロ意識の問題」のＢＡＤ評価があると、配達員のアプリには「高い評価を受ける配達パートナーは、礼儀正しくプロフェッショナルな態度で、細部に気を配ることが必要です」といった内容のメッセージが表示される。

この文面を読むたびに、自分はいったい何をやっているのだろう？　と自暴自棄になる。プロの配達員になるには、まだまだ修行が足らない。

反論！

社会問題化する配達員のマナー問題にひと言

某月某日

最近、ドライブレコーダーで撮影されたと思われる、ウーバーイーツの自転車配達員の様子がワイドショーやネットのニュースで取り上げられることが多い。大きなリュックを背負って信号無視をする姿や、後ろを確認せずに片側3車線道路の内側に切れ込む姿、歩道を勢いよく走る姿などなど、交通ルールを守らない一部の配達員たちが繰り返し放映されている。

ワイドショーのスタジオでは「マナーがひどい」、「自分もとんでもない配達員を見た」、「配達員に自転車のルールの研修を」というコメンテーターの言葉が映像のあとに添えられる。ネットニュースでは同様の発言がコメント欄に載せられている。

微妙な感じ：こういうところがなければ、ライター業だけで十分に食べていけると思うのだが……。

配達員歴を重ねた私にも、一緒に仕事をしているライター仲間や雑誌の編集者から、このような配達員のマナーの悪さについてどう思うのか？　とよく聞かれる。

聞く方にとっては軽いあいさつ代わりの時事ネタだろうから「なんか、すみません」と答えるのが正しい対応だと思う。だが、現場で理不尽なことが起こっても自分の仕事の責任範囲でできるだけのことをして配達を行っている身として、また多少なりとも矜持《きょうじ》を持っている私は、ヘラヘラしながらその場をやり過ごすということはできない。

つい「配達員の数が増えたら、マナーの悪い人も増えますよ！」とムキになって答えてしまう。そして空気が**微妙な感じ**になってしまう。

都内でロードタイプの自転車で通勤するブームが起こったのは記憶に新しいと思う。そのとき、ワイドショーでたびたび見かけたのが、ロードタイプの自転車が信号無視をする映像。それを受けてのコメントは、「マナーがひどい」、「自分も見た」、「ルールの徹底」だった。

ここ数年のキャンプブーム、鉄道の車両を撮影する「撮り鉄」、これらもマナー違反が糾弾された。

マック地蔵と客待ち中のタクシーは同じ

果たしてこういった問題はなぜ起きるのか？　配達中にペダルをこぎながら考えた私なりの結論は、「単純に人が増えたこと」だ。

個人的見解なのだが、集団が大きくなれば、マナーを守らない人が一定数出てくるのは当然なのではないだろうか。そしてその一定数の人間というのはいなくならない。

例えば、今では新年のニュースの定番となった「荒れる成人式」もそう。「若い人はエネルギーが有り余っているから仕方ない」という見解の人もいるかもしれないが、この成人式の特集が始まってから10年以上は経過している。

荒れる成人式の映像を子供の頃から見て、「けしからん！」というコメントを聞いて育っても、結果、荒れる成人式はなくならない。というか、毎年毎年放映されることで「度が過ぎたパフォーマンスをすればテレビに映るかもしれない」と、一部の人間を喜ばせている可能性すらあると私は考える。

話をウーバーイーツに戻すと、マクドナルドの前でたむろする配達員についても問題となっているが、配達員の数が増え、生活のために稼がなければならないのなら、注文依頼の多いマクドナルドの周辺で注文を待つのは致し方のないこと。路上喫煙などは言語道断だとは思うが、繁華街の狭い路地で客待ちをしているタクシーとなんら変わりはない。

新しい働き方であるということ、そして大きなリュックを背負うというスタイルが目立つため、ウーバーイーツは世間から非難を浴びる対象となりがちだ。確かにマナーの悪い配達員は問題だが、世の中には善人も悪人もいる。

「ウーバーイーツ配達員」といったカテゴリーでひとくくりにして非難するのは違うのではないかと感じている。

まあ、テレビ番組は視聴率、ネットニュースは閲覧回数が稼げればOKという世界なので、問題の根本を解決しようという取り組みをすることはないと思うが……あ、こんなことを書いたらライターの仕事がなくなってしまうか。

某月某日

知らずに運ばされた激ヤバのブツ

こわっ!

2020年は配達員にとって、特殊な年だった。コロナの影響で3月頃から注文依頼が急増したかと思ったら、ゴールデンウイーク中に配達員が激増したために依頼数が激減。さらに、新しくウーバーイーツの配達サービスを利用する店が増え、路地やビルの中にあるテナントを探すのに一苦労した。

中には、少しでも売り上げを伸ばそうと、ビル全体が休業にもかかわらず厨房を稼働させ、ウーバーイーツでのテイクアウトだけ営業している飲食店もあり、配達員用のアプリに「ビル休館中につき、業務用の入り口前でお待ちください」なんて指示を受けたこともある。

配達員にとって、ウーバーイーツ新規参入店は恐怖でしかない。というのも、「持ち帰り用の容器だったらなんでもいいだろ」くらいの感覚でフタがユルユルの容器に汁物を入れる店が現われるからだ。

地味にヤバいのは、カレーやニンニク系の炒め物など、匂いの強い料理。こういった料理は温かいものが多いので、水蒸気を逃すための小さな穴が蓋の上の部分にある。料理が冷めてはいけないので、配達中リュックの中は密閉状態。すると、必然的に中は匂いが充満する。

もちろんこれだけなら別に問題ないのだが、この配達の直後に焼きたてのクロワッサンやら、パンケーキを運ぶ依頼が入ると最悪だ。

去年、焼きたての食パンで人気の店からの配達後にＢＡＤ評価を受けたのは、恐らくカレー風味の食パンを配達したからに違いない。

ヤバいブツに当たる可能性が一番高いのは早朝だ。東京都心部ではウーバーイーツの配達が朝7時から始まる場所が多いのだが、朝7時から9時ぐらいまでに入ってくるカフェからの注文がマジでヤバい。

ウーバーイーツの自転車配達員は、自前で仕切り板を用意して商品が倒れないようにしたり、専用リュックとは別に小さな保温バッグを購入して、配達中の振動やリュックの傾きで配達中に飲み物がこぼれたり、商品が容器から飛び出してしまわないよう、個人で工夫して運んでいる。

ところが、朝、営業しているカフェの中には、オシャレにものすごく力を入れている店がある。持ち帰り用の容器にもこだわりがあり、それはそれで結構なことなのだが、経験上、こだわった容器ほど、運んでいるときにフタがパカっと取れてしまうことが多い。そんな容器の脇に「素敵な朝をお迎えください」みたいな、注文者へのメッセージカードを添えられていたら激ヤバだ。

以前、メッセージカード付きのホットサンドを運んだ際、カードがチーズまみれになったことがあった。ユルいフタをセロハンテープでちょこんととめただけなんて……。もちろん注文者より「商品が破損していた」との理由でＢＡＤ評価を受けた。

ちなみに、スターバックスなどの大手チェーンは、ウーバーイーツのサービスを始めた当初と比べて、包装の技術が格段に上がっている。今後もオシャレをキープしつつ、こぼれない容器を考案していくと思う。

生ガキの配達は合法なのか？

私は指示されたものを指定の場所へと運ぶだけの仕事なので、食品の衛生管理についてまったく知識がないのだが、生ガキを運んだときにはドキドキ、いやヒヤヒヤした。

暦上の季節はもう秋にはなっていたが、居酒屋の店頭で渡されたものをえっちらおっちらと自転車で30分かけて運び、置き配という、注文者の家のドアの前に商品を置いておく方式で殻付きの生ガキを運んだことがある。

スーパーでも生食用のカキは売っているし、スーパーで買ったものは保冷剤を使わずに家まで持って帰って食べるから、同じような感覚なのかもしれないが、万が一、「配達に時間がかかり過ぎたのが原因」とか「置き配の際に、ちゃんと配達を終えたことを連絡せず、長時間玄関前にさらされたカキを食べて食中毒を引き起こした」なんて報道されたりしたらたまらない。２〜３日はモヤモヤとした気分で過ごした。

酒屋さんからの配達依頼もヤバいブツだなと感じるものが多い。ワインのボトルや日本酒の一升瓶を運ぶことも多いが、ワインのボトル２〜３本を入れて運ぶと、ちょっとした段差を通過するたびにリュックの方からガランガランと瓶がぶつかる音が響いて「割れるんじゃないか」と恐怖に怯える。

店によっては、発泡スチロール製の緩衝材を瓶に巻いてくれる所もあるのだが、酒屋さんはウーバーイーツによる配達を始めてから日の浅い所が多いので、ちょっと怖い。スパークリングワインなんて、届けてからすぐに開栓したらアウトの状況だと思う。餅は餅屋ではないだが、お酒は酒屋さんに配達してもらうのがベターのような気がする。

某月某日

外国人配達員が荒稼ぎしているワケ

ランチタイムの配達が落ち着いた14時過ぎ、ＪＲ恵比寿駅近くのマクドナルド前に自転

利用停止：「不法就労の温床」という世間の声を受け、ビザを取得している人も含め、外国籍者は一時利用停止となった。

車を止めると、５人ほどの団体が楽しそうに雑談を交わしている。少し緊張しながら「コーヒーをおごるから、ちょっと話を聞かせてくれないか」とド直球で話しかけてみた。

最初は警戒していた彼らだが、「オーケー。いいですよ」と応えてくれたのは、ワイルドな笑顔がさわやかなラヒモフさん（仮名）。

日本語学校に通うために来日したというウズベキスタン人だ。２０２０年の9月に配達員を始めたという。ちなみに、私にとって初めて出会うウズベキスタン人である。

「仲間から『絶対にやった方がいい』と言われて配達員に登録しました。住んでいるのは郊外です。恵比寿や渋谷まで電車で来て、レンタルの自転車を使って配達しています」

ところが、配達を始めてからしばらくして大きな問題があったという。

「始めてから1カ月ぐらいしたら、突然配達員用のアプリが止まって（**利用停止**）しまって。『停止を解除する場合は、都内にあるパートナーセンターに来て、在留カードを提示してください』とメールが来ました。だけど対応するスタッフの人数はコロナで少なくて、

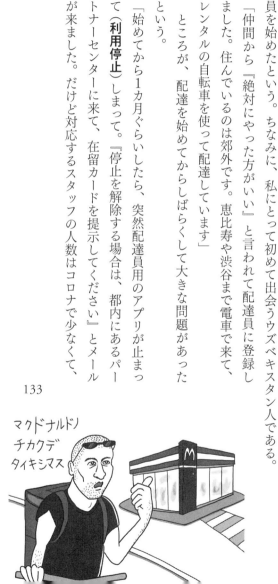

連絡が来たその日に（解除手続きをするため）パートナーセンターの予約をしたのに3カ月も待たされた。だから、2021年の1月にようやく復帰できたんです。ちゃんと日本に滞在する資格も、働いていい許可ももらっているのに、強制的に働けなくされるのは厳しかったですね」

確かに、ちょっと調べてみると、2020年、外国人配達員の**アカウント一時停止**が大規模に行われた模様。日本人では想像できない苦労がうかがえる。

恵比寿のマクドナルド近辺で待機している理由も聞いてみた。

「マクドナルドは配達依頼がたくさんあるし、配達先も近いところが多い。恵比寿や渋谷は特別ボーナスの額も多い。自分が住んでいる郊外で配達をすると、マクドナルドなら大体1回の配達で400〜450円。ここなら700〜750円ぐらい」

土日や、平日の昼食、夕食の時間帯になるとこのあたりで特別ボーナスがつくことは私も知っている。ただし、ボーナスが出るのは1日に3〜4時間程度。わざわざ電車で都内まで通ってやる価値があるのだろうか？

「私は学生ビザで日本にきています。このビザで認められている労働時間は週に28時間。ですから、だいたい特別ボーナスが現れる時間帯だけマクドナルドの近くで待機して稼い

アカウント一時停止：配達員は労働者ではなく、マッチングアプリの利用者という扱いなので、このような一斉停止をするのだろう。

でいます。ボーナスが出なくなったら帰ります」

朝から晩まで働いて、クエストボーナスを狙う私にはない発想だった。週28時間という制限があるので、とにかく効率が求められているのだ。

ラヒモフさんはさらにつづける。

「配達を始めた当初は、どこへ行くと稼げるのか、全然わかりませんでしたが、同じ国の仲間に聞いたり、配達員のSNSを見て情報を集めたりして、この近辺が一番いいのではと。アプリが停止されていた期間が長いので、まだ配達回数は少ないですが、この近辺の地図は頭の中に完璧に入っています。ごちそうさまでした」

来日1年とは思えない流ちょうな日本語であいさつを済ますと、仲間の元に帰っていった。

続いて、渋谷のマクドナルドの近くで待機していたベックさん（仮名）にも同じように話を聞いてみた。ベトナム人、もしくはフィリピン人あたりかと狙いをつけたのだが、彼の出身もウズベキスタンということだった。

「1年前に日本の大学で勉強するために来ました。最初は、コンビニでアルバイトをしていましたが、夜勤は大変だしお金もそんなによくない。今はウーバーイーツしかやっていません」

先ほどのラヒモフさんと同じく週28時間という労働時間の制限が配達をする一番の理由とのこと。

「コンビニでアルバイトをしても月に10万円ちょっと。ウーバーイーツなら特別のボーナスが付く時間帯だけやれば倍以上稼げる。私の友達もみんなウーバーで働いているよ」

実家からの仕送りがほぼ期待できない。日本で生活するために自力で稼がなければならないが、働く時間が制限されている。結果、たどり着いたのがウーバーイーツのよう。同じ国の仲間3人と都内郊外で暮らしているという彼も電車で渋谷までやって来て、自転車を借りるスタイル。

「自宅の近くでも配達できるけど効率が悪い。電車賃を使っても渋谷で働いた方がいい。渋谷はマクドナルドも多いね」

外国人だからこその苦労

ウズベキスタン語、英語、ロシア語を話すというベックさんだが、日本語となると私との会話はなんとかコミュニケーションが取れるレベル。

「受け渡しはビルの入り口で」とか「商品をドアの前に置いたら、到着の合図としてインターホンを必ず鳴らしてください」といった注文者からの細かい指示は日本語で指示されることが多いのに、どのように対応しているのだろうか？

「わからないことがあったら、サポートセンターに電話をします。英語を話せるスタッフさんが多いので、なんとかなっています。あと、注文した方に直接電話することも多い。このあたりでウーバーイーツを利用する方は簡単な英語を話せる方が多いよ。自分が住んでいる近所でやったこともあるけど、配達先の方に電話しても英語が話せない場合が多い。だから渋谷は働きやすい」

週28時間フルで働くとして、月112時間の労働。時給1100円で換算すると12万3200円だが、彼はその倍近くをウーバーで稼いでいる計算だ。20歳そこそこの彼らにとっても、決して少なくはない金額だろう。笑顔で語るのもうなずける。

最後に、配達中のトラブルや困ったことについて聞いてみた。

「配達先へ行ったら留守で、10分間待機しましたが、連絡がなかったので『(注文者不在による）配達完了』となりました。料理は配達員がもらえるというシステムなのですが、運んでいたのは豚キムチ丼。私はイスラム教徒なので、宗教上食べることができません。渋谷で配達中の私の友達も食べられないので、仕方なくリュックの中に入れっぱなしで配達をつづけました。そしたらクレープを頼んだ方から『商品が破損していた』という理由でBAD評価を付けられました。渡したときに見た目は問題なかったので、恐らく商品にキムチの匂いが付いていたのでしょう。残念です」

私が豚キムチ丼をもらえたら「食費が浮いた！」と大喜びするが……言葉以外にも、食べ物を運ぶ仕事だからこその苦労があるのだ。

某月某日

こんなマンションは嫌だ！

「夜間の大音量でのテレビ視聴、深夜の洗濯機のご使用はご遠慮ください」。

マンションへ配達に行くと、こういった注意書きが掲示板やエレベーターに貼られているのをよく見かける。

深夜の騒音に関して配達員が困るのは「深夜にインターホンを何度も使用しないでください」というルールだ。私が配達するエリアでは、注文の受付のラストオーダーは深夜1時。そうすると、遅いときは深夜2時ぐらいまで配達を行っている。

最近建てられたマンションはリーズナブルな物件でも関係者以外を建物の中に入れないようにするため、建物の入り口、そして部屋の前と、インターホンを計2回鳴らす所が多い。「何度も」と表現するのだから、恐らく2回以上鳴らすことについての注意だと思うのだが、2回鳴らさないといけないマンションで「何度も使用しないでください」と言われても困る。

「インターホンを鳴らすと苦情が来るので、こちらまで電話をください」と指示する人もいる。これは単身用のマンションでドアの前にＡｍａｚｏｎの箱が山積みされているような、通販ヘビーユーザーの注意書きでよく見られるもの。隣の住人が通販をほぼ利用しない人だとインターホンの音にイライラするのだろう。単身用の世帯でインターホンが鳴ることなんて通販以外はほぼない。

なので指示を書く気持ちはわかるのだが、宅配便の配達員と違い、会社からスマホを支給されていないので電話代は自腹。電話代など大した額ではないと感じる人もいると思うが、1回の配達でもらえるお金が400円だ。なるべく出費を切り詰めたいという心情をわかってほしくはある。

しょうがなく番号非通知で電話をかけると、非通知ではつながらず……。番号表示でようやくつながるものの、知らない番号からのコールということで、**最上級の警戒心**で「はい」と応えられても……。

最上級の警戒心：商品が到着するまで長くて1時間半程度なので、その間だけでも知らない番号からかかってくるかもと思ってくれたら……。

話が逸れたが、とにかくインターホンを鳴らさないと部屋の前までたどり着けないマンションで、「深夜に鳴らすな」というルールは、ウーバーイーツの配達をやっている私にとっては困ったルールなのだ。

困ったルールのあるマンションで、配達後、「あんなふざけたルール、誰が作ったんですか？ 正直むかつきますよね」と警備員さんに話したら、無言で肯定も否定もせず、渋い笑みを浮かべてくれたことから、仲良くなった人がいる。先日、このマンションに配達した際に悩みを打ち明けられた。

「『何度かトラブルがあったので、ウーバーの配達員は警備員室から配達先の部屋まで、警備員と一緒に来なければならない』なんてルールが提案されちゃったのよ。別にそれはいいけどさ、警備員の人数や警備費を増やさないのはちょっとね……」

上の方の階だと部屋にたどり着くまでおよそ5分。エレベーター待ちの時間が長いと10分ほどかかる。1日に何度もウーバー配達員の付き添いをしていたら、他の仕事に手をつけられなくなるのに、人も予算も増やさない。世の中には働く側に配慮しない提案をする人がいるものだ。

配達をしていると、1日に1回はタワーマンションに配達しているような気がする。都心部にそびえ立つタワーマンションの中には、住民用エレベーターと業務用エレベーターのふたつを設置している所がある。

業務用のエレベーターはわれわれ配送業者のほか、ペットを連れた住人が利用している。その壁に貼られていたのが、「チーズの匂いを漏らさないように」というもの。

貼り紙を読んでみると「最近、『チーズの匂いがひどい』という苦情が寄せられました」とのこと。それ以上細かいことは書かれていなかったので、ここからは私得意の推理になるが、ピザの配達直後にペットの犬と一緒にこのエレベーターを使った住人からの苦情だろう。

チーズの匂いに反応した犬がギャンギャンと吠えたために「なんとかしてほしい」との思いから管理会社に連絡をして、この注意書きがエレベーターに貼られることになったと思われる。もしくは、この住人がただチーズの匂いが気に入らなかったという可能性もなくはない。

とはいえ、ピザといえばデリバリーのド定番。私もたまに運ぶし、デリバリーのピザチェーンなんて星の数ほどある。100%排除しようなんて、とてもじゃないができるわけがない。

もし、私の推理が正しくて、チーズの匂いに犬が反応して吠えてしまうのが原因だった場合、階段を使うしかないが、タワーマンションの高層階は階段で行くことは不可能だ。

一休さんなら「このはし、渡るべからず」の看板に対する回答のように、見事なとんちでこの状況を乗り切るところだが、配達員にとってはどうすることもできない困った問題なのだ。

忍者屋敷のような入り口に右往左往

ＲＰＧの迷宮、もしくは脱出ゲームのようなマンションもある。

港区の閑静な場所にある高級住宅地。瀟洒《しょうしゃ》なデザイナーズマンションにある困ったルールは、「オシャレな雰囲気を損なってはいけない」というもの。

緑豊かな木々に囲まれたその建物は、私のような人間でも「なんかすごい」と感じる物件。吹き抜ける風もさわやかに感じてしまう。

アプリに「裏の入り口からお入りください」との指示があるものの、一向にその場所が見つからない。建物の周りを2周ほどしたところで、幸運なことに警備員さんを見つけたので、案内してもらった。

連れていかれたのは建物の裏側にある大理石であること以外は何の変哲もない壁……のはずだったが、警備員さんが軽く壁を押すと、扉が開いた！

「扉も大理石と同じ模様になっているから、初めて来ると気づかないよね」

ニヤリと笑う警備員さん。そして忍者屋敷のからくり扉のような仕組みに驚く私。なんとかマンションへの入館手続きを終え、無事、配達を済ませることができた。

配達が終わったあと、先ほどの警備員さんに会ったので、配達を無事に終えることができた報告をしたあと、「扉のところに『配達業者入り口』みたいな貼り紙をした方がいいのでは？」と提案してみた。

すると……。

「配達の業者さんが迷っている姿をよく見かけるから、管理組合に提案したことがあったんですよ。でも『そんな貼り紙をしたら、見栄えが損なわれるのでダメだ！』と突っぱねられましたよ」

と苦笑するばかり。ライターとして超売れっ子になって、こういう物件に住む身分になっていたら理解できたのかもしれないが、このままライターをつづけられるかが不安でウーバーイーツの配達員を始めたような私にはもう到底理解できない感覚だ。そんなことを思いながら、次の配達先へと向かった。

秘策

配達員も生き残りに必死！

某月某日

本来、本業の空いた時間を活用して稼げるのがウーバーイーツ配達員の魅力。一方で、少なくはない社会人がウーバーイーツの専門配達員として働いている。

都内で100CCのバイクを使って配達しているOさんは、ウーバーイーツを始めて2年半のベテラン配達員。知り合った当初は私と同じく、レンタルの電動アシスト自転車を使用していた。

「どうして、バイクにしたんだっけ？」

「短時間、短距離の利用ならレンタルの自転車は便利だけど、1日中配達をするとなると話は別でしょ。充電の量がたっぷり残った自転車をいつも確保できるわけではないし、配達の途中で電池切れを起こすんじゃないかと気にするのが一番のストレス」

「確かに。バッテリー切れは地獄でしかない」

「自分専用の電動アシスト自転車を買うことも考えたけど、予備のバッテリー込みで10万以上かかるなら、中古のバイクの方が効率的かなって。本腰を入れて、専業で稼ごうという気になった」

「バイクなら距離も稼げるからその分、報酬も期待が持てる。しかも100ccのスクーターなら二段階右折が必要じゃないのがいいね」

とはいえ、問題がなかったわけではないようだ。バイク初心者だったOさんが配達を始めた当初は、トラブルにも見舞われた。

「自転車配達で土地勘があった新宿や渋谷で配達をしていたけど、店に商品を受け取りに行ったり、マンションに届けたりしている間に駐車禁止の輪っかを何度もかけられた」

「SNSなどでもよく聞くねぇ」

「配達で稼いだお金の何割かが罰金で消えていくのは本当にバカらしい。バイクは繁華街の配達には向いていないね」

自転車の場合、配達のために歩道に数分間止めていても罰金を取られることはないが、駐車監視員の監視対象となるバイクはいろいろ大変なようだ。

「今は駐車監視員が繁華街ほど多くない杉並区とか板橋区がメイン。こっちのエリアだと通りに面した店が多いので、監視員が来てもすぐに対応できるし、タワーマンションのように建物に到着してから部屋まで行くのに時間がかかる物件が少ないから、駐車禁止で罰金を払うリスクがほとんどない」

繁華街にあるマクドナルドは、短距離の配達が多く効率的に稼げるようだが、こちらは自転車が優先的にチョイスされるそう。デメリットといえばそれくらいだろうか。

「まぁ長距離の配達が増えた。10キロ程度はざらで、気がついたら環状7号線を一周していたなんてことも。多いときは1日200キロ以上走るよ」

どの商売にも通じることかもしれないが、やはり競争相手が少ないところを見つけるのが大事なようだ。

6社兼業でリスクヘッジ

東京都の港区、渋谷区を中心に、自転車を使って配達しているKさんは配達員歴2年。開始当初から自分のロードタイプの自転車を使って商品を運んでいるが、昨年から働き方いのレベル」

「今もほかのデリバリーサービスを？」

「もちろん。２０２０年の緊急事態宣言発令で配達員が激増したときは、注文が取り合いになって依頼がメチャクチャ減ってマジで焦った。『このままだと生活ができない！』くらいのレベル」

彼が考えた方法は、ほかのデリバリーサービスの配達員にも登録するというもの。渋谷区や港区は、ウーバーイーツだけでなく、出前館、ｍｅｎｕ、Ｃｈｏｍｐｙといった配達サービスもあり、そのすべてに登録しているという。

「基本はウーバーイーツと同じで、配達員用のアプリを立ち上げて『出発ボタン』を押して待っていたら配達依頼が入ってくるというシステム。なので、すべてのアプリの『出発ボタン』を押して待機。注文を受け取ったら、ほかのアプリは『終了ボタン』を押して配達に出かけて、配達が終わったら、再び全てのアプリの『出発ボタン』を押して待機するの繰り返し」

「結構手間じゃない？」

「正直、操作は面倒だけど、ウーバーイーツだけでやるより確実に稼げているからありだと思う。最近、ｗｏｌｔとフードネコの配達員にも登録したので6社兼業だね」

「配達のリュックはどうしているの？」

「実は、どのサービスも、配達中に自分たちのロゴの入ったリュックを背負って運ばなければならないというルールはないんだ。『他社のロゴが入ったものを使わないでください』とだけ明記されている。出前館だけは『配達中は出前館の帽子を被らなければならない』というルールがあるけど、これもポケットにでも入れておけばＯＫ。だから自分は、配達の時はウーバーイーツのロゴを布で隠したリュックを背負って、ポケットの中に出前館の帽子を入れて、六本木や渋谷のあたりをうろうろしている」

最近、ウーバーイーツのロゴを隠したリュックを背負った配達員の写真とともに「ウーバーイーツの配達員であることが恥ずかしいから隠しているのか？」といったコメントを添えてＳＮＳに投稿している人がいるが、ロゴを隠しているのにはこういった事情があるようだ。

某月某日

ウーバーイーツ配達員が嫌われるワケ

悲しい……

最近、「ウーバーイーツの配達員は世間から嫌われている」ということをひしひしと感じている。

定期的に報道されるのが、配達員の危険運転についてだ。そうまでして配達を急ぐのにはもちろん理由がある。単純に運ぶ回数が多ければ収入も増えるし、一定時間内に多くの配達をこなせばもらえるボーナスや、ランチやディナーの時間帯になると突然出現するボーナスがあり、それをもらえるかどうかで収入が大きく変わるからなのだ。

効率良く稼ぐため、と皆が口を揃えるが、要は時間に追われているだけとも言える。配達員を急かせる、システム側にも問題がないとは言い切れないのではないだろうか。

一方、店で待っているときの態度にムカッときて、配達員を嫌う人も結構いると思う。マクドナルドのカウンターで注文を済ませ、受け取りスペースで順番を待っていたら、大きなリュックを持った配達員がズカズカと受け取りスペースの一番前、カウンターの所に割って入ってくる。そんな光景を見て「なんなんだコイツ！」と感じた人もいるだろう。

配達員サイドから言い訳をさせてもらうと、店の人に「コイツ邪魔！」と思わせるほどプレッシャーをかけないと、注文が後回しにされてしまう可能性があるので、わざとやっている配達員がいるのだ。

ランチタイムは目の前の客の注文を作るだけで手一杯。そんなところに、割り込むような形でウーバーイーツの注文が入ってくる。店で注文している人にしてみれば、自分の注文よりも前に誰のものかわからないものを作り始めたらイライラするに違いない。

厨房が見えるタイプのレストランなら、そのイライラは特に大きくなるだろう。そんな理由で、ウーバーイーツの注文は後回しにされることも多いのだ。

だから配達員は「ウーバーイーツの配達員が来てますよ。後回しにすると、大きなリュックを持って、いつまでもここにいますよ。ちゃんと注文が入った順番通りに作ってくださいね」という思いを込めて、存在を見せつけている可能性がある。

安定しない配達員の質

あくまで私の経験をもとにした個人的な意見ではあるが、私が配達を始めた頃のマクドナルドは、目の前の注文者を優先して配達の注文を後回しにしたこともあったように思う。だが、マクドナルドは出前館などのほかのデリバリーサービスに対応して、スマホによるオーダーもできるようになると、システムが改良されたのか、配達の注文を後回しにするようなことがなくなった。

なので店の中までリュックを持ち込み、カウンターの一番前で待つあのスタイルは、やる必要がないと思う。店の方にはっきりと到着を伝えて、あとは邪魔にならない場所で待機していればいいかと。

何度注意しても、同じことを繰り返すのにカチンときて、配達員が嫌いになった人も多いだろう。

インターホンを絶対に鳴らさないでください、と指示をしているのに、鳴らしてくる配達員。入り口は大通りの裏側にあると指示しているのに、大通り周辺でウロウロした挙句、電話してくる配達員。前に注文したときはオフィスのあるフロアまで配達してくれたのに、今回は「ビルの入り方がわからないからエントランスまで来てくれ」と言ってくる配達員。「何度も注意しているんだから、いい加減覚えろよ！」と腹が立つ人も多いだろう。

確かにその気持ちはよくわかる。だが、ウーバーイーツには各店舗での商品の受け取り方、配達方法などのマニュアルはない。

また、同じ職場で働く仲間から仕事のやり方を教わることはない。つまり、仕事のやり方をまったく知らない新人配達員が担当することも多々あるのだ。

ほかの宅配便やピザのデリバリーの場合は、前任の担当者から、マンションへの入り方や業務用通路などの位置のレクチャーを受け、引き継ぎがしっかり行われるが、ウーバーイーツには引き継ぎの制度などない。そのため、何度も何度も、注文者が最初から説明しなければならないのだ。

これに関しては、注文者には申し訳ないのだが、ウーバーイーツはそういうものと割り切ってもらうしかない。

ほかにも、配達員に対していろいろと思うことがあると思う。だが、配達員は研修を受けずに現場に出され、配達を重ねることで仕事を覚えていく。

ウーバーイーツの配達員は、そういうものなんだと思ってみると、多少はイラつきが抑えられる……かもしれない。

第3章

配達員、注文者、飲食店関係者の表の顔、裏の顔

某月某日

注意書きから読み解く配達員の気の利かなさ

アホか！

個人的な嗜好だが、私は街で時折目にする「注意書き」を眺めるのが好きだ。そう、「犬のフンは飼い主が始末しましょう」というようなあれだ。

この注意書きの中には、激戦の歴史を物語るようなものがたまにある。例えば、犬のフンを注意するメッセージの場合、「犬のフンを片付けろ！」とか「防犯カメラ設置中」という文言。こういうのを見ると、注意書きを書いた人の堪忍袋の緒が切れた経緯や、無視しつづけるマナーの悪い飼い主像が容易に想像できて楽しい。

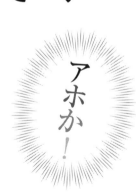

一方、われわれ配達員用のアプリには、注文者や店の人からの注意書きが表示されることがある。ほとんどの人は記入することのない欄なのだが、例えば深夜のオフィスへ届け

る場合「建物の裏側に警備室があるので、そこで入館手続きをして入ってきてください」といった指示が書かれていたり、「ドアの前に商品を置き、インターホンを鳴らしたら帰っていただいて大丈夫です」といった指示が事細かに書かれていることがある。

「注意書きウオッチャー」を自称する私としては大変興味深く、注意深くチェックしているのだが……。


ある日、ランチタイムにとあるマンションまで運んだときのことだ。「インターホンの〝真下〟に置いてください」という指示に違和感を覚えた。

新型コロナウイルス感染拡大により、新しく始まった玄関の前に商品を置く「置き配サービス」。利用者がこのサービスを選択すると、配達員のアプリには「玄関先に置く」という指示が表示されるのだ。なので、これを見たときは「なぜ、わざわざ注意書きでも指示するのか」と首を傾げたのだが、注文者の家まで行くと納得した。

日本の住宅の玄関のほとんどが外へ向けて開く「外開き」のドア

だろう。恐らく「玄関の前に置く」という表示を見て、その指示通りに配達員がドアの前に置いたため、商品を取ろうと扉を開けたらスープがこぼれた、ドリンクがこぼれた。そんなトラブルがあったに違いない。

確かに、指示通りインターホンの真下に置けば、ドアを大きく開いても絶対に当たらない位置。そんな理由から、わざわざ「インターホンの真下に」なんて指示を出したに違いない。納得し、笑ってしまった。

「ドアにぶつからないように置くのが当たり前」という指摘もあるだろうが、スマホで配達員用アプリをダウンロードするだけで誰でも始められる仕事。サービス業経験者なら当然気にすべきことにも気が回らない人も多いのだと思う。

建物の入り口に置き配するツワモノも

その数日後の夜、表示されて思わず笑ってしまったのが、「マンションの入り口でインターホンを鳴らして建物に入ってください。そのあと8階の部屋の前に来て、インターホンの真下あたりに商品を置いてください」という注意書きだ。

「インターホンの真下に置いてください」というメッセージの理由は、数日前の経験から理解できる。しかし、「インターホンを鳴らして建物に入ってください」という指示はどういう理由なのだろう？
マンションの1階、建物の入り口にあるインターホンの下に料理を置いて帰ったツワモノ配達員が存在したと、私は推理する。普通だったら起こるはずがないアクシデントが起こるのが、ウーバーイーツの配達なのだ（苦笑）。

さらにその日の深夜に表示されたのが「407号室のドアを正面に見て、左側が406号室です」という謎の注意書き。港区にあるオシャレなマンションに向かい、エレベーターで4階に上がると、各部屋の扉のところに部屋番号が書いてある。ところが、その数字のフォントが個性的で、筆記体のような数字が非常に読みづらく、特に6と8の見分けがつかない。配達員が何度も間違えたので、このような注意書きをするのだと納得した。

ちなみに、ウーバーイーツの配達員は外国籍のドライバーも多いため、注意書きはなるべくシンプルな日本語で指示した方がいい。自動翻訳機能で変換されるので、「1階に100均が入ったビル」といった外国人に伝わりづらそうな略語を使うと配達に時間がかかる可能性がある。書いた文章を一度英語に変換、その英語をさらに日本語に変換したものを見て意味が通じるレベルの文章なら、すべての配達員に問題なく伝わると思う。

某月某日

ハイパー上級国民しか住めない屋上庭園

最近のお金持ちがどんな所に住んでいるのか。

タワーマンションの上層階？　確かにタワーマンションの中には上層階専用の特別なエントランスがあったり、専属のコンシェルジュがいたりするので、特別感がある。

だが、私が配達する東京の都心部エリアには、それ以上にすごい住宅がある。それが、オフィスビルの上層階にある屋上庭園レジデンスなのだ。

専門家ではないので詳しい内容は知らないのだが、東京の中心部にはヒートアイランド現象を軽減する目的からか、ビルの屋上に芝生や木々を植えて緑化を促進するという条例があるようだ。

また、オフィスビルばかりが建つと人の住む場所がなくなり人口が減少してしまうため、大きなビルを建てる場合、ビルの中に一定数の居住スペースを作らなければならないという条例を作り、人口の流出を阻止しようという動きもある。

オフィスビルでは上層階は到着までに時間がかかるために人気がない。一方、住居としては景色がよい上層階の人気は高い。そして屋上は緑化が推進されている。

恐らくそういう事情なのだろう。中央区、千代田区、港区あたりのオフィスビル上層階には、エレベーターの扉が開くと緑豊かな風景が広がり、その中に10戸ほどの住宅があるのだ。都心とは思えない世界が、そこにはある。

最初に屋上庭園レジデンスに行ったのは、2年ほど前。銀座エリアのオフィスビルだった。大通りに面したオフィスのエントランスは、通りを走る車の音や、オフィスを利用する人たちで少々うるさい感じ。

注文者からの注意書きに記されていた「裏側の居住者専用の入り口から入ってください」の指示に従い、「居住者用」と書かれた小さな入り口から建物に入る。

専用エレベーターで最上階へ。フロアについて扉が開くと、ビルの屋上とは思えない自然が目の前に広がり驚きが隠せなかった。緑豊かな樹木が生い茂り、鳥たちがさえずっている。防音のしっかりした壁に囲まれているのか、オフィスの入り口で聞こえた車の音はまったく聞こえない。

大きな雲を突き抜けた先にある緑豊かな世界……一瞬、アニメ映画『天空の城ラピュタ』のあのシーンが頭に浮かんだ。

そんな小さな森を囲むようにして、住宅の入り口のドアがポツンポツンとあり、その中の一室のインターホンを鳴らして商品を届けた。

注文者のプライバシーもあるので、建物の所在地や、住んでいる人の見た目は書けないが、運んだものは、松屋の豚焼肉定食だった。

地上数十メートルに広がる贅沢な空間

ランチタイムに配達で向かった千代田区のオフィスビルも印象的だった。「オフィスビルの裏側に居住者専用の入り口が……」と注意事項が書かれていたので、「これは屋上庭園レジデンスだな」と思いつつ、目立たない入り口から最上階にある住宅スペースへ。

エレベーターの扉が開くと耳に入ってきたのは鳥のさえずる声……ではなく、水の流れる音。水音が聞こえてくる方向に目をやると、小川が流れていた。手入れされた芝生と小川の周囲に植えられた木々。エレベーターに乗って押したボタンは、確かに25Ｆという数字だったのだが……。

立派な日本庭園を取り囲むように通路があったので、庭園を眺めつつ注文者の住む部屋に向かい、商品を届けた。松屋の牛焼肉定食だった。

一番驚いたのは、中央区にあったとあるビル。

例によって裏側から入り、１階と最上階しか停まらないエレベーターに乗り、扉が開くと、目の前に開けたのは、通路があり、通路沿いに住居の扉が並ぶ、ごく普通のマンションの光景だった。どんな世界が待っているのだろうとドキドキしていただけに思わず拍子抜けした。

番号を確認しながら届け先を目指すが、指定された部屋の番号はどこにもない。迷っているのがわかったのか、そうこうしているうちに注文者から連絡が入る。指示された通りに、フロアの最奥にあった屋外に向かう扉を開くと、そこには石畳の小道ときれいに手入れされたバラの花。イングリッシュガーデンのような庭を歩いていくと屋上庭園の一角に住宅が建てられており、そこに指示された部屋の番号が書かれていた。

届けた商品はカレーライス。松屋だった。

某月某日

スリム美女が自宅でこっそり食らう漢《おとこ》メシ

毎年秋から冬にかけて発売されるマクドナルドの三角チョコパイ。この商品は特に女性に大人気で、私の配達履歴や主観から推測するに、頼む人の9割以上が女性だ。エレベー

ターを降りるとたくさんのドアが並ぶ単身者用マンションによく運んでいる。

そんな三角チョコパイには印象的な思い出がある。コロナ禍前のある冬の日、アプリの配達商品確認画面を見てみると、登録は男性で「ビッグマックセット」、「ポテトL」、「コーラL」、「ダブルチーズバーガー」、「チキンマックナゲット15ピース」、「三角チョコパイ」と表示されている。

男の人がチョコパイを頼むなんて珍しいな、と思ってインターホンを鳴らすと、商品の受け取りに出てきたのはなんと細身の女性だった。奥からもれ聞こえてくるのはテレビの音声のみ。

大食い番組でもスタイルがいいのにものすごい大食いの女性がいるのは知っていたが、少し驚いてしまった。

まだウーバーイーツが現在ほど普及していなかった頃の話で、私もこういった状況に慣れていなかったため、思わず女性の顔を見入ってしまった。今ではそんな失礼なことはせず、ササッと無反応に手渡すように心がけている。

スマホやパソコンから料理が注文できるウーバーイーツは、どんな料理を頼もうが、どれだけの量を頼もうが、商品を届けに来る配達員にしか顔を見られることがない。

しかも同じ配達員が届けに来ることは滅多にない。人目が気になり、外ではコッテリ系、ガッツリ系のものが食べられない、という女性にはピッタリのシステムなのだ。

新宿区の某ピザチェーンで商品を受け取ったときのこと。私は「店の配達を利用した方が便利なのに……」と思いながら、ピザのLサイズをリュックに入れて指定された住所へ向かった。

到着したのはひとり暮らしの学生が多く住む、大学近くのワンルームマンション。学生がパーティーでもやるのかと思いつつ、マンションの入り口でインターホンを鳴らすと、インターホン越しに聞こえてきそうなにぎやかな声が聞こえてこない。エレベーターに乗って部屋の前に行き、呼び鈴を押して出てきたのは色白の女性だった。

時刻は平日の21時過ぎ。この時間にウーバーイーツを利用する女性はメイクを落としている可能性が高いので、失礼のないよう目線を下に向けていると、玄関には靴が1足しかない。開始時間の遅いパーティーなのかなと思い、少しだけ目線を上に向けて口元を見ても……メイクをしていない！　どうやらひとりでお召し上がりのようだ。

恐らくピザ店のデリバリーだと同じバイトの人が来てしまう可能性があるので、ウーバーイーツを利用しているのだろう。それにしても21時からLサイズのピザとは……。翌日の胃もたれが気になって、脂身たっぷりのロースカツが食べられなくなった中年男にとっては、その若さがうらやましい限りだ。

配達員にだけ許される特権

中央区のローソンで、二郎系のラーメンや、ニンニクのきいたメガ盛りペペロンチーノを注文するある注文者は、緊急事態宣言以降、深夜によく注文をしてくれるお得意さん。ウーバーイーツでは珍しいことではあるが、何度か配達したことがある。

都心部では22時を過ぎると配達依頼が少なくなるため、配達員たちの多くは新宿や六本木エリアに移動してしまうのだが、スカスカになった中央区内で待機しているときにこの注文者からの依頼を偶然、数度受けたのだ。

注文した商品は「置き配」設定で届けているので注文者の顔を見ることはないが、住んでいるのはひとり暮らし用のマンション。「私も若いときには夜中にコッテリしたものを食べたよなぁ」なんて想像しながら配達していたら、4回目の配達商品の中に「メイク落とし」があることに気づいてしまった。

注文者の顔を見たことも声を聞いたこともないので、この人が女性であるとは言い切れない。彼女やゆきずりの女性が泊まりにきたのかもしれないが、ちょっとした情報から注文者の人生模様を想像くらいしてもバチは当たるまい。

一方、秋葉原の某丼屋でニンニクたっぷりのすた丼（肉&ご飯大盛り）と、トッピングのキムチを配達したのは、コロナ禍前のある夏の夜のこと。配達先は、まさかの御茶ノ水方面……。実は秋葉原と御茶ノ水の間には急な坂道があり、日が落ちたとはいえ夏場にこの坂を登るのはつらいのだ。汗だくになりながら坂道でペダルを踏み込み、ようやく丘の上にある物件にたどり着いた。

ヘトヘトになりながら指定された部屋のインターホンを鳴らすと「はーい」と聞こえてきたのは、またしても若い女性の声ではないか！　いつものように目を合わさずに接客をしたら、お決まりのように見えた靴は女性ものばかり。しかも同じようなサイズ2～3足しかない。

さすがに、これから大盛りの丼を食べる女性の顔を凝視するのは失礼だと思い、商品を渡すと踵を返す。

「8…7…6…」と数字が減っていくエレベーター内のオレンジ色の表示をぼんやり眺めて1階で降りようとした瞬間、大きなリュックを背負った配達員と鉢合わせした。なんとなしに「おつかれさまです。どちらに配達ですか？」と声をかけてみたところ、先ほどの女性の部屋に油そばを届けるとのことだった……。

コッテリしたものやガッツリしたものは、男性だけが好むものと思い込んでいたが……配達員を始めてから、女性のことがますますわからなくなった。

たま〜にある〝ちょいエロ〟配達

某月某日

配達を始めてから1週間ほどたった頃。昼食や夕食の時間に稼げる感じはつかめたので、深夜にどれだけ稼げるかを知るため、22時過ぎから配達員アプリのスイッチをオンにしてみた。

当時はまだ24時間サービスを行っていて、深夜3時過ぎに入ったのはマクドナルドからの配達依頼。新橋でバーガー類を受け取り、配達先を見るとホテルの一室。注文者の情報を見ると、どうやら外国人のようだ。

配達先のホテルに到着してフロントの人に「B号室の注文者への配達です」と伝えると、配達先の部屋に電話で確認。一通りのやりとりがあったあと、「直接部屋へ向かってください」と言われ、B号室へ。

部屋の前でノックをすると、出てきたのはラテン系のスタイル抜群の美女。特に胸のあたりが大変ボリューミーで、羽織っているバスローブからは胸の谷間どころか、トップがチラリと見えている。

慌てて目を伏せた。奥からは男性の話し声が聞こえたが、あいにく言葉がわからない。商品を渡してドアを閉めた。

少年マンガやアニメの世界には「ラッキースケベ」という、突然吹いた風によって女の子のパンツが偶然見えてしまうとか、電車が急停車してバランスを崩して女の子の胸に顔を埋めてしまうみたいなハプニングがある。まさか、こんなマンガみたいな体験を配達中に経験するとは思わなかった。

品川区の五反田周辺を配達していたときのこと。牛丼の大盛りを運んだ先は、とあるマンションの一室。いつものようにインターホンを鳴らし「お待たせしました。ウーバーイーツです」と伝えると、扉がそっと開かれた。

ふと下の方に目をやると、広い間取りの物件でないにもかかわらず、たくさんの女性の靴が……。

その瞬間、以前知り合いの風俗ライターに聞いていた話の情景が脳裏に浮かんだ。そう、噂に聞いていたデリヘルの待機所に違いない。

「ホテル街の近くにある」、「広くない間取りのマンション」、「玄関にサイズの違う女性の靴が何足もある」という条件にぴったりハマる。

滅多にない機会に少々興奮してしまい、誰が牛丼を頼んだのかゆっくりとドアを閉めながら観察していると、待機所の椅子にどっかりと腰掛けた貫禄ある女性に「●●さん、どうぞ」と渡されていた。

風俗ライターは、こうも言っていた。

「デリヘルの待機所には、行く先行く先で『チェンジ』と言われつづける待機所の主みたいな女性がいて、その牢名主のような女性が出勤する日は、主がチェンジと言われて戻ってくるたびに待機所の空気が重たくなる」

客の前で気を遣い、休憩場所である待機所でも気を遣う。彼女たちの仕事も配達員以上に大変なお仕事なのかもしれない。

ペダルをこぐたび、顔に冷たい空気が刺さるような底冷えのする冬の深夜。下町エリアのコンビニに配達品を受け取りに行くと、渡されたのはいつもの白い袋に入った食べ物と、紙袋に入れられたもの。「まさか」と思って注文品リストを見てみると「コンドーム6個入×2」の文字が。

近所の店で買うのは知り合いがバイトしてる可能性があるので気まずいとか、夜中に寒い外に出るのは面倒とか、弁当だけ頼んでもコンドームを一緒に買っても配達料は同じとか、いろんな理由はあるのだろう。

だが、赤の他人の情事の片棒を担がされるとは……運び屋の仕事も楽ではない。

配達先は10階建ての新しいマンション。「置き配」との指定があったので、ドアの前に商品を置き、配達完了のメールを注文者に送信。

その後、エレベーターの前で立ち止まり、「ガチャリ」という音に反応して振り返ると、そっとドアが開いて上半身裸の男性が袋を取って部屋の中へ。悪いことをしているわけではないのに、キョロキョロと見回す姿に少し笑ってしまった。

某月某日

クレーム対応「完全撃退」マニュアル大公開！

「配達に時間がかかり過ぎる」
「自分が想定していたルートと違うところを通った」
「家の周りでどんだけ迷ってんだよ！」

「プロ意識あんのか！」

これらはすべて、以前に私が注文者から浴びせられた罵倒の言葉だ。空腹でイライラした注文者は、少しのことでものすごい怒りをぶつけるのだろう。

注文者からお叱りを受けたとき、私はまずしっかりとシステムを説明するようにしている。

①ウーバーイーツは料理を作る「飲食店」、商品を運ぶ「配達員」、そしてお腹を空かせた「注文者」の三者を結びつけているに過ぎないこと。

②責任は、料理に関しては飲食店、運ぶことに関しては配達員、アプリについてはウーバーイーツと、それぞれ分かれていること。

この2点をしっかりと理解してもらうことが肝要だ。一般的な出前は、店の従業員が配達するので「商品が足りない」とか「スープがこぼれている」とか「10分で到着するって表示されたのに30分かかった！」というクレームを、配達してきた人にしても問題ないが、ウーバーイーツの場合「スープがこぼれている」といったタイプ以外のクレームを配達員に入れるのはお門違いなのだ。

配達員は配達をこなせばこなすほど売り上げが上がるわけだから、わざと遠回りすることはない。タクシーとは違うのだ。注文した料理がなかった場合は店に、予定時間が遅い場合は到着時間の計算がいい加減なウーバーイーツのアプリ開発側にクレームを入れるべきなのだ。

だが、このような複雑な説明、空腹ですぐにでもごはんを食べたいという人の中には「グダグダうるせぇよ！」としか思っていない人もいるようで、配達後にＢＡＤ評価をされることもある。

そんなときは息を大きく吸ってブハーッと吐き、「お前の頼んだ厚切りフレンチトーストのもちもちしたパンの粘り気で、食事中、銀歯が取れますように」とお祈りしながら次の配達に向かう。

ブラインドタッチで長文クレーム

クレームがあるときほど、丁寧に仕事をするというのもひとつの対策法だ。コロナ以後はテレワークが増えたため注文が減り、トラブルも減ったのだが、それ以前はランチタイムに「早く配達しろ！　昼休みが終わる‼」といったメッセージがスマホによく届いていた。特にＩＴ系の企業に勤めている人は、キーボードの操作に慣れているのか、恐ろしいほどの長文クレームを、４〜５分に１回のペースでぶつけてくることも。

そんなメッセージが届いたときは、まず前後を確認し、安全な場所で自転車を停車させる。そしてスタンドを上げて自転車を邪魔にならない場所に止めてからスマホの画面にあるメッセージを確認し、現在の状況を懇切丁寧に説明した長文を打ち、推敲《すいこう》を重ねてから送信。その後、自転車で配達先へと向かう。

すると、注文アプリで配達員の現在位置を見ていた注文者から「ＧＰＳを見ていたけど、５分ぐらい止まっていたじゃないの！　急いでるって言ったでしょ‼」という、大変お怒りの様子のメッセージが届いた。

これを確認したら、先ほど同様に自転車を止めてこう打つ。「メッセージを返す際は、自転車を止めて作業しないといけませんので……。注文者様の声に対しては、しっかり説明しないといけないと思い、文言を考えていたら時間がかかってしまいました。自転車をこぎながらメッセージを打ってしまうと道路交通法違反となるので、申し訳ありません」と。

このようなやりとりをすると、ほとんどの人があきらめてくれるのだが、一度だけ「このあと13時30分から会議がある」という返信をしてくる人がいた。「それは、信号無視をしてでも、早く届けろということですか？」と返すと、「13時30分から会議がある、という事実を伝えただけです」とのこと。

文章のやりとりは残る。そこに強要したという証拠を残したらアウトだ。パワハラする側にもテクニックがあるんだなと感心した。

到着時刻が遅くなり、「プロとして失格だ！」と言う人には「プロではない！」ということを遠回しに伝えるようにしている。

アルバイトでもなんでもそうだが、仕事の現場でよく言われるのが「お金をもらっているんだから、プロ意識を持て」という言葉。だが「アプリをオンにしたらいつでも仕事が始められて、オフにしたらいつでもやめられる」、「配達依頼が来ても自由に拒否することができる」、このようなウーバーイーツ配達員の働く環境はプロが育つ環境ではない。

しかも注文者側には毎月980円を払えば配達料が無料になるというサブスプリクション制度がある。月に10回頼んだとすると、その注文者が払っている配達料は1回あたり98円。金額は問題ではないかもしれないが、それだけしか出していないのにプロ意識を求めるのは乱暴な考え方のような気もする。

そんなわけで、プロ意識を言ってくる人には「だったら、それに見合う配達料をよこせ！」と言いたいところだが、火に油をそそぐことになるので、「すみません。自由に働けるゆるい労働条件なもので……」と、やんわりとプロでないことを宣言している。

まあ、そういったやりとりのあとには必ず、配達員評価にBADが付くのだが……。

とはいえ、基本的に、配達中は店までできるだけ早く向かって、商品を受け取ったら、できるだけ早く届けるようにしているので、お腹が空いてイライラするのはわかるが、「商品がこぼれている！」以外のクレームは配達員につけないでもらいたい。

なお、これらはウーバーイーツが配達員に対して推奨しているマニュアルではない。私が個人的に考えて対応していることである。

まぢか！

某月某日

配達員と注文者、奇跡の再会で生まれた感情

　都心部を自転車で走りながら依頼を待っていたところ、22時過ぎにローソンからの配達依頼が入った。狙い通りに依頼が来たことにニンマリしつつ店へ向かうと、渡されたのは缶チューハイ3本とちょっとしたおつまみ。1キロ先の配達先マンションに到着し、インターホンを鳴らすと出てきたのは私より若い30代と思われる男性だ。スウェット姿のその男性は商品を渡すと「どうも」と言ってコンビニ袋を受け取った。
　その後、牛丼屋やマクドナルドなど、緊急事態宣言中の深夜でもテイクアウト対応をしている店からの配達をこなしていると、再びローソンからの依頼だ。店に到着して商品を受け取ると今度は缶チューハイ2本のみ。

「わざわざウーバーイーツを使って注文するなら、もっとたくさん商品を頼めばいいのに」なんて思いながら配達先を確認してみると、先ほどの男性宅が指示されていた。

違う配達員が運んでくると思っていたであろう男性は、「すいませんね、2回も」と言いながら、恥ずかしそうにコンビニ袋を受け取った。

男性宅に缶チューハイやおつまみを届ける。学生時代、売店のパンを買ってこいとパシらされた経験はあるが、この歳になって10歳以上年下の人に缶チューハイを何回も買いに行かされるとは……。

帰り道、学生時代の嫌な記憶を思い出しながら自転車をこいでいると、今度はファミリーマートからの依頼がピコーン。店で商品を受け取ると、今度はストロング系の缶チューハイ3本。

で、届け先を見ると……先ほどの男性宅だった。完全に仕上がっている。もうパシらされているという気持ちではなく、興味津々で届けに上がる。

この頃には当人もいい気分だったのだろう。すでにアプリ上で私が配達員と把握していたためか、酔っぱらって真っ赤になった顔で話しかけてきた。「ごめんごめん、店を変えたら別の人が届けに来ると思ったんだけど……」

さすがに自分より年上の人間に、真冬の寒空の下、何度も何度も缶チューハイを配達させていることに恐縮したのだろうか、配達後、しばらくしてからアプリを確認すると、その人から５００円ほどのチップが届いていた。ありがとう。

気まずさよ、こんにちは

同じ場所への配達がつづくと、注文者の生活が見えてしまうこともある。

コロナ拡大前の金曜日夜に向かったのは東京の下町にある洋菓子店。店で渡されたのは、チーズケーキ、プリン、シュークリーム、アップルパイなどの大量のスイーツ類。配達先を確認して自転車で15分、私のようなしがない中年独身ライターは一生住めないであろう立派なマンションに到着した。袋いっぱいに入ったスイーツを受け取ったのは、20代と見られる若い女性だった。

「置き配」制度がまだなかった頃のこと。恐らく女性は帰宅してメイクを落としたあとなので、恥ずかしかったのだろう。少しだけドアを開けて商品を受け取ろうとしたのだが、配達物が多く、小さな隙間から商品を入れることができない。いろいろと事情を察した私は、大きくドアを開ける直前に目を伏せて袋を渡すと、女性は奪うように袋を取り部屋のドアを閉めた。

それから30分後、今度は深夜まで営業しているクレープの店へ受け取りに行く指示があり、行ってみると袋の中には生クリームたっぷりのクレープが3つ。人気あるんだなと思いながらアプリで配達先を確認すると……先ほどの女性ではないか！

医者から血糖値やＨｂＡ１ｃ（ヘモグロビンエーワンシー）の数値をうるさく言われるメタボ体型。そんな私だから、深夜に甘いものが食べたくなる気持ち、そして一度食べたら食欲が加速してしまう気持ちはよくわかる。

とはいえ向こうはいい所にお住まいの若い女性。先ほど大量の洋菓子を届けたばかりの配達員が再びやって来るとなると、とても気まずいはず。

どう顔を合わせたらいいものやら、と悩みながらペダルを踏んでいると、結論が出ないうちに再び先ほどのマンションに。

とりあえず「目だけは絶対に合わさない」ということだけを決めて部屋へ。インターホンを鳴らして、ドアが少し開くと「彼氏がどうしても食べたいと言うから……」と言い訳をしながら、先ほどよりソフトな感じで袋を受け取る女性の注文者。顔を見ず、下を向いたまま商品を渡すと、そっとドアが閉められた。

限られた時間の中、必死に言い訳を考える彼女の姿が思い浮かぶような言葉だった。下を向き、玄関に男物の靴が一足もないのを見ながら「ありがとうございました。またご利用ください」と声をかけ、その場を去った。


思わず心配になってしまうこともあった。

2回目の緊急事態宣言が発令される直前の2020年の12月、21時過ぎに配達したのはスパゲティーの乾麺とドリンク。配達先はカップルや夫婦が住むような、間取りの広そうなマンション。

「置き配」の指定だったので、袋をドアの前に置くと、換気扇からトマトソースの香りが。

「麺を買い忘れたので、ウーバーイーツで注文したんだな」なんて思いながら次の配達に向かった。

それから2時間後。イタリアンのレストランに商品を受け取りに行くと、大盛りのカルボナーラをひとつ渡され、そして配達先を見ると、先ほどのお宅の住所が……。

指定された通りにドアの前に商品を置き、配達を終えたのだが、この2時間の間に一体何があったのだろうか？　すでに換気扇も止まっていてトマトソースの香りがしない部屋の前の廊下を歩きながらいろんな光景が頭の中をよぎった。

奥さんが作ったトマトソースのパスタに対して「パスタは食べたいけど、トマトソースの気分じゃない」とひどい言葉をかけるご主人の姿。トマトソースをうっかり焦がしてしまったおっちょこちょいな奥さんの姿。仕上げに入れた唐辛子の量が多過ぎて、誰も手をつけられずに残ったトマトソース……。

「置き配」なので、誰が住んでいるのかもわからないが、この日は眠りにつくまで、あの家で何が起こったのかの妄想が止まらなかった。

故・市原悦子さん主演の名作『家政婦は見た！』ではないが、同じお宅への配達は、いろんなものが垣間見えてしまってドキドキするものだ。

女性配達員と男性配達員のチップ格差

ずるい!

某月某日

先日、女性配達員と話す機会があった。

配達歴1年の20代女性。当初は自転車で始めたが、電動アシスト自転車を経て、現在は125CCのバイクを使って運んでいるという。

「私が始めたばかりの頃は、若い女性の配達員はほとんどいませんでした。いても年上の方ばかりだったから珍しかったのでしょうか。マクドナルドの近くで注文依頼を待っているとき、男性配達員から声をかけられたりしましたね」

配達員の仕事はまさしく肉体労働。女性ならではの悩みもあるだろう。

「昼間にずーっと配達をしていたら日焼けするし、雨の日はレインコートを着ていても中に水が染みてきて下着まで濡れるし、化粧もくずれるし……まぁ大変な仕事ですよね。ずぶ濡れになって注文を待っているときに、傘をさしながら道を歩いているかわいい女の子を見ると、『自分は何をやっているんだろう?』と思うこともありますよ」

雨の日は配達需要が上がるので特別ボーナスがもらえるチャンスだ。とはいえボーナスは4時間半の間に所定の回数を運んで1200円ほど（雨足によっては最高で3600円もらえることも）。ゲットできる金額が、女性が手放さなければならない大事なものと比べて釣り合わないのかもしれない。

ウーバーイーツは、配達担当者が決まると注文者のアプリに配達員の現在地と顔写真が表示される。

私のような40代半ばのメタボ体型のおじさんなら顔写真を見られたところでなんてことはないが、若い女性の場合は男性の注文者に絡まれて面倒なことにならないのだろうか。

「お客さんに何かされた、というのは記憶にないですが、配達員仲間の女の子は商品を渡すときに手を握られたことがあるみたいです。……あ、そうそう、思い出しました。私も、ドアの前に置く『置き配』の指示があった家のインターホンの下あたりに商品を置いて立ち去ろうとしたら、急にインターホンから男の人の声で『配達ありがとうございました』って声をかけられてびっくりしたことがあります。カメラ付きのインターホンだったので、私のことをカメラでずっと見ていたのかと思うと……。あれは怖かったですね」

〝配達員女子会〟という甘美な響き

私とは畑違いのバイク配達。普段の稼ぎはどのくらいなのだろうか。彼女のアプリの画面を見ると驚きの数字が並んでいる。１週間の売上明細を確認する画面を見ると、チップの金額が私より明らかに高いではないか。

「チップは１回で１０００円くらいくれる人も結構いますね。この前、配達員女子会をしたときに聞いたら、『５０００円もらえた』という子もいましたね」

これを聞いて驚かされた。

私も店で料理が出来上がるのに時間がかかるとき、中年の配達員と話をすることがある。中年同士の会話では「この前チップで５００円くれた人がいてさ」というと、「そんなにもらえたんですか!!」となるのが一般的。100円以上もらえたらそれは自慢の対象だ。

女性配達員のみなさんとはケタが残念な方に違う。

さらに「配達員女子会」という言葉も初耳だ。

「SNSで呼びかけてみんなで集まって、配達の話とか、あそこに配達したときはつらかったなとか、こんな変な場所に運んだよ、みたいな話ですごく盛り上がりました」

コロナ拡大の影響で最近は配達員になる人が急増。限られた配達依頼を奪い合うという状況になったため、配達員の中には「周りの配達員は全員敵」といった雰囲気で睨みをきかせる人もいるだけに、驚きが大きい。

その一方で、彼女のように配達員仲間で集まって交流を深める——そういう人もいるのだ。まぁ、私ぐらいの年代で配達をする人は、いろんな意味で切羽詰まっている人が多いので、もし「配達員中年会」を開催してもギスギスした空気になるだけだとは思うが……。

最後に、私の変わった配達先エピソードを話すと、面白い反応があった。

「私もラブホテルは何回か配達したことありますね。ラブホテルってアメニティーとかを部屋のドアを開けずに渡すことができる小さな扉がドアの脇にあるので、その扉を開けて注文した商品を渡したことがあります。ドアをノックしたらバスローブ姿の男性が出てきたことも。あと、風俗店で働いている方でウーバーイーツのヘビーユーザーの方がいて、お店の女性の控室に運ぶこともありますね。初めて配達したとき、そういうお店に女性用の別の入り口があることを知らなくて、普通に入り口から入ったらボーイの人に『裏口から入ってね』と注意されました。あと、夜中に電気がチカチカしていて、人の気配がないアパートへ行ったこととか。初めて配達するエリアでトイレがなくて……」

詳しく話を聞いていくと、なんだか今まで自分が経験したエピソードが面白みのない話に感じるといけないので、まだまだたくさん話したい様子だったが、話を打ち切らせてもらった。

中年自転車配達員の私にも、それなりの苦労はあるが、女性ならではの苦労もたくさんあるのがわかった。それにしても、チップの額がうらやまし過ぎる‼

飲食業界サバイバル戦線に異変！

某月某日

コロナ禍で飲食店は営業スタイルの変化をかつてないスピード感で迫られている。そのひとつに、ウーバーイーツの導入があるのではないだろうか。

飲食店側は大まかに言うと、以下のような流れを経て、登録作業を進める。

- ウーバーイーツに加入申請をして、専用のタブレットを受け取る
- 店紹介のアピールコメントや、商品画像、価格の設定、商品代金の振込先銀行口座の登録などを行う
- テイクアウト用の容器を準備する

配達用のスタッフを募集したり、チラシを作ってデリバリー開始を周知することを考え

たら、ウーバーイーツの導入は圧倒的にお手軽。

しかし、誰もがスマホを使って注文するアプリだからこそ生まれる新たな苦労もある。

私がその苦労に気がついたのは、配達員となってから半年ぐらいたった頃のことだった。配達依頼を受け、新橋に向かう私。仮にこの店を「焼き鳥一筋　陽ちゃん新橋店」としよう。

店の注意書きの部分を見てみると「店の正式な名前は『居酒屋陽ちゃん』です」と一言添えてあった。普段は焼き鳥がメインの居酒屋なのだろう、焼き鳥丼の香ばしい匂いが確かにおいしそうだった。

そしてその数日後、今度は「本場博多の味　もつ鍋陽ちゃん新橋店」からの受け取り依頼が入る。商品を受け取るため指示された場所に行ってみると、果たして例の「居酒屋陽ちゃん」だったのだ。

さらに別の日には「お魚ランチ　陽ちゃん弁当新橋店」に取りに行くと、またまた受け取り先は「居酒屋陽ちゃん」だった……。

なぜ料理ごとに店の名前を変えるのか？　実はここに、中小の飲食店の企業努力があるのだ。

よくよく考えてみたら、ウーバーイーツで食べたい料理を探しているときに、「居酒屋陽ちゃん」と書かれていても、私だったらまず間違いなくスルーする。居酒屋のランチは安いから食べるのであって、デリバリーするほどのものではない。

店側もそれがよくわかっているから、売りにしているメニューを店の名前に出すことで注目を集め、「本場」といったような言葉で付加価値を上げようとしているのだ。

さすがに3回も同じ居酒屋から注文を受けた私はそう推測するに至り、居酒屋陽ちゃんの店主にそれとなく聞いたところ、「その通り」とのことだった。

実際の店舗の場合は、入り口に「もつ鍋やってます」と貼り紙を出したり、焼き鳥の文字が入った赤ちょうちんを出したり、お昼には店の前にお弁当を並べるだけでいいのに、ウーバーイーツを始めるとなると、いろいろ苦労があるようだ。

ひとつのキッチンで数店舗分のメニューを作成

このように、ひとつの店がいくつもの名義で出店することは、店側にとっての「ウーバーイーツあるある」だそうだが、その究極の形が〝ゴーストレストラン〟と呼ばれる形態だ。

もちろん幽霊が出る店ではない。ウーバーイーツや出前館といったアプリに多彩な店舗を出店するデリバリー専門の業者を指す。

宅配に特化しているため、受け取り場所に行っても客席はない。ひとつのキッチンで複数の店の料理を作っている。「本場アメリカ直輸入 低脂肪赤身肉ステーキ店」、「大分中津仕込みの秘伝のタレに一晩漬け込み からあげの匠」、「国産ポークのうま味があふれるジューシーとんかつ」といったインパクトのあるメニューの注文を初めて受け、指示された場所に行ったところ、看板も出していなかったのには驚いた。ドアに各デリバリーアプリのステッカーが貼ってあるだけなので、まったく気づけなかったのだ。接客スタッフも存在しない。

このようなゴーストレストランは、私がよく配達しているエリアには7〜8店ほどあり、中には雑居ビルの3階にある一室に厨房を作って営業しているところもある。

アプリ上に表示される店名やメニューが派手なことや、牛肉の店、豚肉の店、鶏肉の店の看板を同時に掲げることから、ゴーストレストランの存在を知った当初は悪いイメージを抱いていた。

だが、よくよく考えてみると、私の本業であるライターの仕事も「記事のタイトル」によって、同じ内容でも反響が大きく変動。キャッチーなタイトルがつけられたかどうかで閲覧数が明らかに変わる。

ゴーストレストランも、見てもらわないことには商売にならないので、「専門店」などという明らかな嘘の表記がなければ問題ないのかなと思った。

また、飲食スペースがない分、内装などの費用が抑えられ、維持費も少なくて済む。その節約できた分で食材のグレードを上げることもできるなど、メリットもある。

コロナで、飲食店は営業時間短縮を強いられる時代。テイクアウト専門ならその影響を受けることもない。今後はゴーストレストランのようなスタイルの店がどんどん増えていくのかもしれない。

某月某日

日本人とインド人と台湾人、優しいのは？

どっち？

中華料理、韓国料理、インド料理、タイ料理といった定番から、ギリシア料理、クロアチア料理といった変わり種まで、都内にはたくさんの異国料理の店があふれている。

40代半ばで食にこだわらない身としては、中華、韓国、インドくらいまでが守備範囲。これ以外の店に客として行くことはないが、配達員として店を訪れると、香辛料の匂いやBGM、はたまた接客の仕方など、日本の飲食店との違いを感じることが多い。

私が配達するエリアで、一番多く注文が入る異国料理店は、定番中の定番のインド料理店。焼きたてのナンとカレーのセットは、ランチタイムから深夜まで、コンスタントに配達依頼がある。

インド料理店への引き取り通知があると、私はなんだか少し心がウキウキしてしまう。なぜならば、何回かに1回くらいの確率ではあるのだが、料理が出来上がるまで時間がかかりそうな場合、店の中でラッシーをご馳走してくれることがあるからだ。まるで初詣のときに振舞われる甘酒のようで、配達の疲れも吹っ飛ぶ。水筒にお茶を入れて配達している身からすると、この気遣いは本当にうれしい。

さらにインド料理店の場合、店内で待っていてくれと言われることも多いのだ。夏は気温35度を超える猛暑の中、冬は顔を刺すような冷たい風が吹き付ける寒さの中を走っている身としては、「おつかれさまー。店内で待ってて〜」と言われるだけで涙が出るほどありがたい。その上、ラッシーまでもらえたら、水を一杯もらった江戸時代の飛脚よろしく、クタクタになっても自転車をこぐ気力がわいて来るのだ。

ちなみに、具体的な場所は言えないが、都内某所のインド料理店はウーバーイーツの店舗の人が使用しているタブレットの操作に慣れていないためか、たまに配達員がやって来るまで注文を受けたことに気づかないことがある。配達員がやって来てから料理を作るので、もちろん時間がかかるが、そんなときは、マンゴー味のラッシーをいただきながらしばしの休憩。沖縄県民が時間にルーズという話はよく聞くが、もしかしたらインド人にも多少通ずるところがあるのかもしれない。

ただ、「配達に時間がかかり過ぎ！」と注文者よりＢＡＤ評価を受けてしまう可能性があるのが難点だ。

日本人経営店では門前払い

対して、日本人が経営する飲食店はどうだろう。私の個人的な経験から言うと、ほとんどの店が店内で待機させてくれない。商品がまだできていなくて所在なく立っていると「お客さまに（配達員の姿が）見えるからやめてくれ」と怒られる。昔の日本は決してそんな国ではなかったように思うのだが……。

その一方、中華料理や台湾料理の店は、その国の人が運営する店では満席時を除き、店内で待機していてと声をかけてくれることが多い。


ウーバーイーツの配達時に、私は人生で最高のお茶を飲んだことを忘れない。

その日の最低気温はマイナス２度。朝から白い息を吐きながら配達する私は、まるでかつての新聞配達少年のよう。寒さに凍えながら下町エリアの台湾料理店へ炒め物を受け取りに行くと、「おつかれさまねー。ここで待ってて」と言われ、出されたのはなんの変哲もないコップに入れられたお茶だった。

振舞われた身だ。ただのお茶だと文句を言っているわけではない。本当にいつも飲んでいるようなウーロン茶だったかプーアル茶だったのだが、寒さで感覚がおかしくなっている手を温め、冷え切った体をほんのりと温めてくれたのだ。まさに人生最高の一杯。

もちろん、今、同じものを改めて味わっても、そこまでおいしいと感じないかもしれない。だがあのとき、あの場所で飲んだお茶は、今までの人生で飲んだものの中でも一位二位を争うおいしさであったことは間違いない。

一番変わった体験をしたのは夫婦で経営するエスニック系料理店へ行ったときのこと。20時頃に料理を取りに行くと、奥さんが申し訳なさそうに「材料を切らしてしまったので、これから買い物に出かける。時間がかかるので、ウーバーや配達先の注文者に電話をしてほしい。私が事情を話して配達をキャンセルしてもらう」と声をかけてきました。私は配達後に特に予定はなく、配達先の注文者も「時間がかかってもＯＫ」とのことだったので店で待つことにした。

奥さんが買い出しに出かけ、店内には自分とご主人のふたりきり。しばらく待っていると、上の階から階段を駆け降りてくる音がして、小さな子供が現れた。

そして私を見ると、子供が驚いた様子で物陰に隠れた。どうやら店が終わったと思い、両親の顔を見に来たら、巨大なリュックを持った見知らぬ中年男性がいて驚いたようだ。

子供はすぐに上の階へ戻ろうとしたが、あいさつをしてみるとこちらに来て、一緒にスマホのパズルゲームで遊んで時間を潰した。そうこうするうちに奥さんが帰宅。子供とゲームで盛り上がっているうちに料理ができた。

そして「これ、一緒に遊んでくれたお礼」と言って、春雨の炒め物を一皿、配達する料理とは別に作ってくれた。もちろん、夕食代わりにおいしくいただいた。

これらはもちろん個人の体験に過ぎないが、同業者からも同じような体験談を聞くことがよくある。オリンピック招致の時期には、「日本のおもてなし文化は誇るべきものだ」なんて話をさかんに聞いたものだが、それはお金を払っている人に向けた「おもてなし」なのだなと、外国の人が経営する店の優しさに接していると痛切に感じる今日この頃だ。

あちゃー

お取り込み中、失礼しました！

某月某日

世の中には「間が悪い」人間がごまんといる。人の悪口を言っていたら後ろからその当人が来たり、頼みごとをしようとしたら相手が忙しかったり……言い出したらキリがない。かくいう私も人生の節目節目でタイミングよく選択していれば、今頃ペダルを踏む人生を歩んでいなかっただろう。

ウーバーイーツは注文してから料理が届くまでに1時間、場合によっては1時間30分以上かかってしまうことがある。そんなときに「食事は後回し！」と切り替えて仕事をしてくれている分にはいいのだが、それが仕事ではなかった場合、ものすごく気まずい思いをすることがある。

ある年末、配達依頼が入ったのは深夜の1時過ぎ。宅配ピザのチェーン店でLサイズのピザを1枚受け取り、指定されたビジネスホテルに向かう。ホテルへ配達する場合、普通はフロントに「●●号室への配達で参りました」と声をかけると、「では、こちらでお預かりします」ということで配達終了となるのだが、あらかじめフロントにウーバーイーツの配達が来ることを伝えていたのだろう。「では、お部屋に直接どうぞ」とのこと。

エレベーターで上の階へ上がり、部屋の前でノックをすると……返事がない。もう一度ノックをしても返事がない。そこで注文者に電話をしたのだがつながらない。

フロントの人が通してくれたのだから不在ということはないはずなのに……と思いながら、サポートダイヤルに電話連絡。「注文者に確認しますので、少しお待ちください」と言われ、少し待っていると、果たして「ガチャリ」と部屋の扉が開けられた。

そこにいたのは、腰から下にバスタオルを巻いた半裸の男性。年の頃は30歳前後だろうか。顔は汗ばみ、息も上がっている。伏し目がちにピザを渡して頭を下げると、脱ぎ捨てられた黒いストッキングが目に入った。

いかんいかんと目を背けてあわてて部屋をあとにする。どうやら到着まで待ちきれず、いろいろ始まってしまっていたようだ。お取り込み中に失礼しました！

ヌッと出てきた白装束の女

暑い夏に、古いアパートが立ち並ぶ下町エリアの住宅地へカレーを運んだときも複雑な思いを抱いた。

晩ごはんのピークタイムがそろそろ終わろうかという21時頃。うどん屋さんで渡された商品は、受け取った時点でつゆが少し冷えていた。つゆと麺はセパレートだったので麺がのびる心配はないが、スープのぬるさから推測するに、配達員が決まるのに想定以上の時間がかかったと思われる。

そんな商品をリュックに入れて指定の建物に到着。指定のフロアにたどり着くと、なんだか独特の香りが漂っている。届け先の部屋が近づくにつれ、その香りはどんどん濃いものに……。部屋の前に着くと、冷房を入れているため窓は閉じているものの、窓や玄関のドアの隙間から香りが漂っている。

ストレスの多い現代。リラックスするためにアロマなんぞ焚いているのだろうな……などと思いながらインターホンを鳴らすと、出てきたのは真っ白な装束を着た女性。何かブツクサ言いながら商品を受け取り、部屋の扉を閉めた。

そのとき、見てしまった。魔法陣のような変な紋章が部屋の奥に掲げられているのを！

うーん、誰かを呪う儀式をしていたのだろうか？　いやいや、そんな時にうどんなんて食べないか？　何はともあれ、お取り込み中に失礼しました！

誰かを召喚する儀式を行っているようだったら、あなたが全身全霊を込めて行っていた儀式で召喚されたのがウーバーイーツの中年男性配達員だと思うと申し訳ない気持ちになった。


ある日に運んだのは洋菓子店のケーキ。ホールサイズのものなので、何かお祝い事かなと思いながら、デコレーションが崩れないよう慎重に運んでいた。

目的のフロアに着くと、私と同じ中年男性のウーバーイーツの配達員が立ち尽くしている。「どうしたの？」と声をかけると窓の方を指さした。どうやら部屋の中で男女が揉めているようだ。

「誕生日を自宅で祝うのはいいわよ！　こんなご時世だし。だけど、このグチャグチャの料理は何？」

「自転車で運んでいた衝撃でフタの部分に料理がくっついてしまうことくらいあるだろう

……」

「私が言いたいのはそこじゃないの！　どうしてテイクアウトの容器のまま食卓に出そうとするの？　大切な日なんだから、お皿に盛り付けるぐらいのことは考えなさいよ！」

「ごめんな」

「それに、料理に合うお酒とか準備しておくでしょう？」

「それも、ウーバーイーツに頼んで……」

一緒にいた男性のリュックを見せてもらうと、ワインが入っていた。男性はこう話す。

「注文者は結構前に注文したみたいだけど、配達員がつかまらなくて、料理が先に来て、ワインが全然こなかったみたいでさ」

私たちのせいではないことはわかっているのだが、どうしてこんなにも間が悪いのだろう。嫌になる。

部屋からは、女性の大きな声がつづく。

「私の好きそうなものを考えて選んでいるのはわかるけど、結局家でスマホをいじって注文しているだけじゃない！　あなたはただスマホで検索しているだけ。お祝いをする気持ちはあるの？　どうせこのあともウーバーイーツで頼んだケーキが届くんじゃないの？

自分で買い物に行ってくるとか、気持ちを込める工夫はいろいろあるでしょ！」

ドキリとした。そう、私のリュックの中には、「お誕生日おめでとう♡」のプレートがのったケーキが入っている。

配達方法が「注文者に直接渡す」となっているので、ドアの前に商品を置いて立ち去るわけにはいかない。仕方がないのでワインを持っている配達員とジャンケン。負けた私がインターホンを鳴らし、ワインとケーキを渡すことに。

すると、注文した男性ではなく、女性が出てきた。その笑顔はとても美しく声も上品だった。

「配達ご苦労様です。またよろしくお願いします」

窓越しに聞こえてきたものとはまったく違うトーンで話しかけられ、商品を渡すと、そっとドアを閉じたふたりの配達員。

1時間後、配達員用のアプリを確認すると、ケーキの注文を依頼した人から500円のチップが支払われたという通知があった。女性の「逆鱗」はどこにあるのか。男性にはなかなかわからないものだ。ケーキの注文者に対してそんなことを思いながら、この日は深夜まで配達をつづけた。

某月某日

アメリカ大使館のボディーチェックに冷や汗

タワーマンションや、高級レジデンス、有名なオフィスビルの上の部分に数フロアだけある、私のような配達員が一生働いても住むことができないような価格の高級住宅には、警備員さんが常駐している。

そういった物件で働くには、警備員さんにも品や人格が求められるのだろうか。推定価格数億円は下らない港区赤坂にある某マンションで働く警備員さんはとても人間的で、毎回しがない配達員にしゃべりかけてくれる。

「寒い中、ご苦労様だねぇ」

「あらあら、今日ここに来るのは3回目だねぇ」

「ウーバーイーツって結構稼げるの？　私も警備の仕事クビになったらやってみようかな？」

「今日は、何を運んでるんだい？」

普通の高級住宅では、建物の裏側にある防災センターで警備員を呼び、身分証を提示し、自分の電話番号を記入して入館手続きをとって、初めて中に入ることができる。

ところがここでは、マンションの敷地に入ってすぐの所にあるボックスにいる警備員さんにあいさつするだけでOK。

そのあとは、住民と同じエントランスから入り、エレベーターに乗って目的の部屋に向かうというシステムなのだ。ほかの高級住宅と比べるとセキュリティーが甘いのではと感じてしまうほど。

だが、半年ぶりにそのマンションに配達するため、会釈をしつつ警備員さんのいるボックスの前を通ろうとすると……。

「久しぶりだねぇ。最近はコロナで配達に来る人が増えて、ウーバーは景気が良さそうに見えるけど、お兄ちゃんも稼げているかい？」

なんて話しかけてくる。半年ぶり、しかもコロナでマスクをしている状態にもかかわらず、私が通った瞬間、こう声をかけてきた警備員さん。

確かに一時期、このマンションによく届けていた時期はあったが、初老の警備員の記憶力に驚かされてしまった。

こういうプロが入り口にいるから、警備員のボックスを超えたあとのセキュリティーはゆるめなんだろう。入館する人の身分をチェックすることだけがセキュリティーではないんだなということを考えさせられた。

警備員のアタリ、ハズレがあるマンション

悪い意味で印象に残っているのは、湾岸エリアに立つタワーマンションの若い警備員。彼は、住民が利用する立体駐車場の操作や、宅配業者のマンション内への入館手続きを担当しているのだが、人を見て対応をまったく変える。

駐車場ではキビキビ動き、あいさつや「オーライ」という声もハキハキしていて印象がいい若者だが、配達業者に対しては、「オイ」としか呼ばない。

「さっさと来いよ！」

「こっちだって言ってるだろ！」

「チンタラ歩いてるんじゃねぇよ！」

などなど、コイツにかけられた言葉は、しばらくは頭から離れない。

ちなみに、このマンションには、ものすごく物腰が柔らかで、配達員にも気を遣ってくれる中年の警備員さんもいるので、私の周りのウーバーイーツ配達員の間で、このマンションへ配達に行ったことを話すと「で、警備員はアタリだった、ハズレだった？」と聞くのが定番となっている。書いただけで、当時の悔しい思いがよみがえる。

一番ビビったのは、アメリカ大使館へ入ったときの警備員さん。

アメリカ大使館の場合、周辺に日本の警察官がたくさんいて、大使館の入り口にたどり着くまでがまず一苦労なのだが、実は入ってからがもっと大変。

こっちは大きなリュックの中にメキシコ料理店の商品しか入れていないのに、リュック

の隙間に何か入っていないかをリュックを開けてしっかり確認。

そのあと空港にあるような金属探知のゲートをくぐり、さらにボディーチェック。この間、ガタイのいい男性がこちらの動きから目を離さないという徹底ぶりだ。

ここまで警戒の目で見られると、こっちも「実はタコスの中に違法な薬物が入っていて、運び屋をさせられているのではないか?」なんて妄想をして勝手にビビって手汗をかいてしまう。そうなると挙動不審におちいるのだろうか、さらに視線が厳しくなるのだ。

冷や汗と手汗でポロシャツがしっとりと濡れたところでチェックが終了。ようやく館内に入ると注文者が登場。商品を受け取ると「サンキュー」と声をかけ、すぐにその場を立ち去ってしまった。

警備員のチェックが10分以上、チェックが終わってから商品の受け渡し終了までは30秒ほど。

立ち去る大使館員を見ながら「お前が外まで取りに来いよ」と思ったが、向こうも一旦敷地の外に出たら、IDカードを持っていても警備員のチェックがあったりして、外に出るのが面倒なのだろう。

お先真っ暗!?
本当は考えたくもない将来の不安

某月某日

長い間、配達をつづけてきて一番感じるのは、「長期間、配達員を専業で行うのは難しい」ということだ。

まず、私のように東京都内でシェアサイクルで配達をしている場合、朝7時から夜0時ぐらいまで運びつづけて、稼げるのは1万5000円ほど。1日に働ける配達時間（配達依頼を受けた瞬間から配達終了までの時間）が12時間と決まっているので、どんなに注文が殺到しても、このくらいしか稼げない。

前に記したクエストと呼ばれるボーナスをすべて獲得したとしても、週12万円ほど。単純計算すれば、月に約50万円。これはこれで魅力的。とはいえ、冷たい風が顔を刺すように吹き付ける真冬や、最高気温が35度を超える日に早朝から深夜まで働けば体を壊すので、月50万という数字はあまり現実的ではない。特に40代半ばの中年にとってはなおさら。

スピードの出るロードタイプの自転車を使えばもっと稼げるが、仮に1日2万円、クエストボーナスをすべて取ったとしても体を壊すほど働いて月80万円ほどだと思う。体を壊さない程度に働くなら50万ほどといったところだろう。

さらにスピードの出るバイクであれば、理論上、月100万円は可能だと思う。私も100万円以上稼いでいる配達員がテレビ番組やユーチューブに出演しているのを見たことがある。

数字だけを見ると「ウーバーって実入りのいい仕事だな」と思える。だが、実際にやってみると、80万円とか100万円というのは理論上の数値であることが身に染みてわかる。

子供のなりたい職業としてトップクラスの人気のユーチューバーも、理論上は億単位の収入を得ることが可能だが、そのためには毎日動画を作ってアップして、いろんな人にチャンネルを登録してもらうようにSNSなどで宣伝活動をしなければならない。さらに、細かい作業をすべてやっても、億単位の収入を得ることができるのは、ほんの一握り。

ウーバーイーツの配達で高額の収入が得られるのも、都内の道に詳しく、早朝から深夜まで運びつづけられる、元気ハツラツな、ほんの一握りの人だけだ。

怒りの矛先としての配達員

外国人配達員へのインタビューで、「4時間で1万円ほど稼げる」なんてことを聞いたが、あれはピークの時間帯、渋谷や新宿といった大都市で働いたときに稼げる金額。彼らは、ビザの関係で労働時間が週28時間に制限されているので、一番おいしい時間帯だけ働くから4時間1万円になるが、毎日働きつづけて最大で月30万円。あくまでも最大であり、悪天候もあれば、注文が少ない日もあるし、そもそも休みなしで毎日働けるのかどうかも問題だ。

配達員の収入は、税金や保険料を天引きされていないから、やはり専業配達員でやっていくのは厳しいかと思う。

また、ウーバーイーツではある日突然ルールが変わり、収入がガクンと下がることもままある。先日は、京都や福岡の配達員の収入がいきなり3割ほど減るような**ルール変更**が

> ❗ **ルール変更**：2021年3月、京都と福岡で「報酬引き下げ」騒動が起きた。

あった。

ウーバーイーツ側は配達員を労働者ではなく配達員アプリの一利用者と捉えているので、不当な賃下げであっても働く側の権利は守られないのだ。

配達員の社会的な立場が年々悪化しているのも気になる。ウーバーイーツの配達員がマクドナルドの前にたむろして通行の邪魔になっている様子や、配達中に信号無視をするシーンが浸透すると、何が起きるか。不思議なことに、「ウーバーイーツ配達員＝怒りをぶつけてもいい」と考える人が増えるのだ。私も店まで料理を受け取りに行っている途中で、いきなり背負っているリュックにパンチを入れられたこともあった。どうかしている。

交通ルールを守らないのはよくない。だが、すべての配達員がそのようなことをしているわけではない……という当たり前のことが通じない。

刺激の強い言葉を並べた人が目立つSNSの世界では、扇情的な表現に注目が集まってしまいがち。

東京都では自転車配達員に背番号を付けようという案も出ているようで、自治体が「自転車配達員＝運転マナーが悪い」とお墨付き（？）を与えたら、近い将来配達員というだけで酒に酔った人から絡まれる事件が起こるかもしれない。

こんな感じで将来性について考えるとお先真っ暗に感じてしまうが、副業としてやるなら最高の環境だと、個人的には考えている。

ちょっとした空き時間に仕事ができて、時間がかかりそうな仕事だったら引き受けなくてもいいという働き方は、本業がある人にとってはとても魅力的な条件。実入りがそこまで多くなくても、ストレスが少ないのは経験済みだ。

週払いなので金欠になったときにとにかく便利。自転車で配達したらいい運動になる。副業ＯＫ、テレワークで自分の時間が増える、家から出ず運動不足、という今の世の中では最高の副業かと思う。

だから、「コロナで仕事がなくなったからウーバーイーツで働こう」という人には、配達員は「つなぎ」であり、ちゃんとした就職先を探すという考えを持って配達員をすることをおすすめする。

某月某日

ウーバーイーツ配達員の春夏秋冬

頑張ろう！

ウーバーイーツ配達員の仕事場はどこにあるかと問われれば、外、道路だという答えがピンと来る。クルクルとペダルを回していると、いつの間にか景色が変わり、季節がめぐり、月日が過ぎる速さに驚く。40代も半ばになると、そのスピードは速まるばかりだ。

年末年始は、ウーバーイーツに助けられている。12月、実家から「親戚の子供がお年玉を期待しているから、帰ってきたときはちゃんとあげなさいよ！」と言われたものの、財布の中も口座の中もスッカスカ。クリスマス前の1週間、みっちり配達しまくって、なんとかお年玉を渡すことができた。

なんとも寂しい話だけれど、これが現実。でも、みんなにとって明るく楽しい1年になるようにと願っている。もちろん私にとっても。

真冬。早朝から深夜まで稼ぎたい配達員にとって、厳しい季節だ。そんなときに立ち寄りたくなる場所がある。中央区の築地と勝どきを結ぶ、勝どき橋の近くにある自動販売機だ。

この販売機では、缶入りの「だし」が販売されている。缶コーヒーぐらいのサイズで１本１４０円と、普通のドリンクより若干高め。

販売機に立ち寄ってボタンを押し、下から出てくる熱々の缶で手を温め、適度に感覚が戻ってきたところでプルタブを引き上げる。立ち上る香り。そして舌を柔らかく刺激するうま味。温かいものが喉を通り、体全体が温まっていく感覚。味と同時に温かさで体に元気が湧いてくる。

走っていると厚手の手袋をしていても手の感覚がなくなるほど寒い日に飲むと、「最高」という言葉以外にいい表現が見つからない。いや、こんな表現力だから、ライターの仕事が年々減っているのか……。

寒い日は、この感覚を味わうためだけに、配達をすることすらある。とにかく愛飲している。

春先。暖かくなってくれるのは嬉しいのだが、花粉症の私にとっては、厳しい「職場環境」を強いられる。さらに厳しいのが、「風」。

春の嵐とはよく言ったもので、季節柄強い風の吹く日が多く、中央区の勝どきや江東区の豊洲など、湾岸エリアのタワマンへ配達に行くときはでっかいリュックが配達員の首を締める。思いっきり風を受けて体ごと流されそうになるので、車道での運転は注意が必要。特に私の場合、体もＢＩＧなので風の抵抗が大きいのだ。

４月。新年度が始まると、都内で新たに生活する人、都内から出ていく人が増え、東京都内の赤いシェアサイクルを利用する人がガラリと入れ替わる。

いつもは自転車がたくさんある場所にまったくない、なんてことがあるのでびっくりする。だから、自転車を確保せずに注文を受けたりすると、とんでもない目に遭うのだ。

梅雨時。配達員にとって、地獄の季節。ジメジメとした梅雨の季節は憂鬱《ゆううつ》でしかない。雨の日は危険なので私は配達に出ない。雨上がりの路面はスリップしやすくなるため、スピードを出せないから思うようにも稼げない。

かといって、無理をしてマンホールでタイヤを滑らせ、転んでケガなんてした日には、休業のために稼げなくなるどころか、治療費でマイナスになってしまう。農作物や地球環境のためには、この季節の雨が大切なのは知っているが、とにかく梅雨は憂鬱だ。

夏。梅雨が明けて嬉しいのは、プールが大好きな小学生くらいだろう。昨今の東京は、殺人的な暑さになるから、素直に梅雨明けを喜べなくなっている。ましてやコロナ禍の新常識、マスクを付けなければならない配達は、本当にヤバい。

キツい坂道を登っているとき、あまりの暑さと息苦しさに耐えかね、マスクを下げて口を出した状態でこいでいたら、通行人にスマホを向けられた。

「ああ、Ｔｗｉｔｔｅｒにあげられるんだろうな」なんて思ったり思わなかったりの日々だ。

35度を超える猛暑日が増えたら、熱中症を避けるためにも太陽が出ている時間帯の配達は注意が必要だ。というか、クーラーの効いた部屋でグターッとだれてしまう。自然と収入が激減するが、かといって無理して働くと命が危ない。われわれにとっては試練の季節がつづく。

秋。過ごしやすい気温。カラッと乾いた湿度。花粉も飛ばない澄んだ空気。厳しい梅雨と夏を乗り越えて、やっと来た最高の季節だ。配達のために道を走っていても、気分がいい。

食欲の秋、スポーツの秋、ウーバーイーツの秋。今日も元気においしい料理を届けよう。

お腹を空かせて待っている人へ。

おわりに

まずは、この本を手に取ってくださった皆さまにお礼を申し上げます。ご購入いただき、そして最後までお読みいただきありがとうございました。

図書館で読まれた皆さん、古本で購入された皆さん、もし面白かったと感じられたら、ぜひ新品を5、6冊購入して、知り合いに配ってください。なにせ、この本の印税で楽な生活がしたいもので……。

本書は、ワニブックスさんのWEBメディア『ニュースクランチ』にて連載されておりましたものをベースに、あれこれと手を加えて1冊にまとめたものです。

本編中にいろいろ書かせていただきました、配達料やボーナスなど、ウーバーイーツの配達員に関わるシステムは、すべて連載当時のもの。現在とは変わっている部分もあります。

また、私の視点から見た出来事を綴っておりますので、配達員が読んだら「少し大げさでは」と感じるかもしれませんが、そのあたりはテレビの通販番組で下の方に「※個人の感想です」のテロップが出ているときのインタビュー映像と同じ感覚で、「実際と違うじゃないか！」とお怒りにならず、軽い気持ちで読み流していただけたらと思います。

「はじめに」でも書きましたが、私は病院の糖尿外来へ定期的に通っております。昨年はコロナの影響で本業が激減。配達しまくっていたため、病院へ行くたび「数値が良くなりましたね。その調子です！」と褒められておりました。

ところが本書の執筆のため、２０２１年に入ってからは配達の仕事を控えめにして、できるだけ多くの時間を原稿書きに充てておりました。そんなとき、久しぶりに舞い込んできた雑誌の仕事が、いろんなお店の肉料理を紹介する企画。

取材先でいろんな肉を食べ、家で原稿を書く。そんなことを続けていたらお腹がどんどん膨らみ、ベルトの穴の位置も外側へ。体重計に乗ると……以前より10キロほど大きい数値が表示されました。次に病院へ行くのは1週間後。このままでは間違いなくお叱りを受けます。

というわけで、この齢になって自分より若い先生に怒られるのもイヤなので、今から配達に行ってきます。それでは！

渡辺雅史（わたなべ まさし）

1975年2月1日生まれ。日本の放送作家、Uber Eats配達員、フリーライター。ラジオのハガキ職人を経て、ライターに。出版不況の折り、減り続ける仕事と、「メタボ」「糖尿病」「高血圧」「脂肪肝」の四重苦から少しでも免れるため、運動習慣を身に着けるべく2018年年始からウーバーイーツの配達員に。本書のベストセラーによる印税生活を夢見ている。著書に『銀座線の90年』（河出書房新社）、『東京駅コンシェルジュの365日 - 業務日誌に見る乗客模様』（交通新聞社）などがある。

アラフォーウーバーイーツ配達員ヘロヘロ日記

著者　渡辺雅史

2021年5月10日　初版発行

装丁　森田直／佐藤桜弥子（FROG KING STUDIO）
編集協力　菅野徹
イラスト　小松恵
校正　東京出版サービスセンター
編集　小島一平（ワニブックス）

発行者　横内正昭
編集人　岩尾雅彦
発行所　株式会社ワニブックス
〒150-8482
東京都渋谷区恵比寿4-4-9えびす大黒ビル
電話　03-5449-2711（代表）　03-5449-2716（編集部）
ワニブックスHP　http://www.wani.co.jp/
WANI BOOKOUT　http://www.wanibookout.com/
WANI BOOKS NewsCrunch　https://wanibooks-newscrunch.com

印刷所　株式会社光邦
DTP　有限会社Sun Creative
製本所　ナショナル製本

ISBN 978-4-8470-7051-8